100位

为新中国成立作出突出贡献的英雄模范人物

朱 瑞

春 明/编著

★

吉林文史出版社

图书在版编目（CIP）数据

朱瑞 / 春明编著. -- 长春：吉林文史出版社，
2011.4（2022.4重印）
（100位为新中国成立作出突出贡献的英雄模范人物）
ISBN 978-7-5472-0519-8

Ⅰ．①朱… Ⅱ．①春… Ⅲ．①朱瑞（1905～1948）—
生平事迹 Ⅳ．①K826.16

中国版本图书馆CIP数据核字(2011)第050302号

朱 瑞

ZHURUI

编著/ 春明

选题策划/ 王尔立　责任编辑/ 王尔立

装帧设计/ 韩璘

出版发行/ 吉林文史出版社

地址/ 长春市福祉大路5788号　邮编/ 130118

电话/ 0431-81629363　传真/ 0431-86037589

印刷/ 天津海德伟业印务有限公司

版次/ 2011年4月第1版　2022年4月第6次印刷

开本/ 640mm×920mm　1/16

印张/ 9　字数/ 100千

书号/ ISBN 978-7-5472-0519-8

定价/ 29.80元

/100位

为新中国成立作出突出贡献的英雄模范人物/

八女投江	于化虎	小叶丹	马本斋	马立训	方志敏
毛泽民	毛泽覃	王尔琢	王尽美	王克勤	王若飞
邓 萍	邓中夏	邓恩铭	韦拔群	冯 平	卢德铭
叶 挺	叶成焕	左 权	诺尔曼·白求恩		任常伦
关向应	刘老庄连	刘伯坚	刘志丹	刘胡兰	吉鸿昌
向警予	寻淮洲	戎冠秀	朱 瑞	江上青	江竹筠
许继慎	阮啸仙	何叔衡	佟麟阁	吴运铎	吴焕先
张太雷	张自忠	张学良	张思德	旷继勋	李 白
李 林	李大钊	李公朴	李兆麟	李硕勋	杨 殷
杨子荣	杨开慧	杨虎城	杨靖宇	杨闇公	萧楚女
苏兆征	邹韬奋	陈延年	陈树湘	陈嘉庚	陈潭秋
冼星海	周文雍、陈铁军夫妇		周逸群	明德英	林祥谦
罗亦农	罗忠毅	罗炳辉	郑律成	恽代英	段德昌
贺 英	赵一曼	赵世炎	赵尚志	赵博生	赵登禹
闻一多	埃德加·斯诺	夏明翰	格里戈里·库里申科		
狼牙山五壮士	聂 耳	郭俊卿	钱壮飞	黄公略	
彭 湃	彭雪枫	董存瑞	董振堂	谢子长	鲁 迅
蔡和森	戴安澜	瞿秋白			

前　言

每个人的心中都多少有一点英雄情结，都向往英雄、景仰英雄。也正因此，在中华人民共和国建国六十周年之际，由中央十一部委联合组织开展的"100位为新中国成立作出突出贡献的英雄模范人物和100位新中国成立以来感动中国人物"的评选活动中，群众参与投票总数近一亿。这其中的每一张选票，都表达了人们对英雄模范的崇敬之情，寄托着对伟大祖国的美好祝福。

一个民族不能没有英雄，否则这个民族就不会强大。当国家危难之时，懦弱者选择了逃避、妥协甚至投降，英雄们却挺身而出，用热血捍卫民族的尊严，人民的幸福。在创立和建设新中国的伟大历程中，涌现出无数可歌可泣的英雄模范人物。他们之中，有为了民族独立和人民解放而英勇牺牲的革命先烈，有为了党和人民的事业而不懈奋斗的优秀共产党员，有在全民族抗战中顽强奋战、为国捐躯的爱国将士，有英勇杀敌的战斗英雄和革命群众，有积极从事进步活动的著名民主爱国人士和国际友人……他们是民族的脊梁、祖国的骄傲，是激励全体人民团结奋斗的精神力量。

《100位为新中国成立作出突出贡献的英雄模范人物传记》丛书，就像一部星光璀璨的英雄谱，真实、完整地记录了英雄模范人物不平凡的一生，再现了他们非凡的人格魅力和精神世界。"头颅可断腹可剖"的铁血将军杨靖宇，"毫不利己，专门利人"的白求恩，"抗战军人之魂"张自忠，"砍头不要紧"的夏明翰，"俯首甘为孺子牛"的文化斗士鲁迅……一串串闪光的名字，一个个动人的故事，犹如群星闪烁，光耀中华。

如今，战火已熄，硝烟已散，英雄已逝，我们沐浴在和平的幸福之中。在和平年代，人们不会忘记为今日的和平浴血奋战的英雄们，英雄的故事永远不会结束。让我们用英雄的故事唤醒我们心中的激情，为中华民族的伟大复兴而奋斗。

生平简介

朱瑞（1905–1948），男，汉族，江苏省宿迁县人，中共党员。

朱瑞1928年加入中国共产党。1930年任中共中央军委参谋、中共中央长江局军委参谋长兼秘书长。1932年1月到中央苏区，曾任红十五军、红三军政治委员，红五军团政治委员，红一军团政治部主任。率部参加了第四、五次反"围剿"。1934年10月参加长征。第一、四方面军会师后，任第一方面军政治部主任。到陕北后，参加了东征、西征等战役。1936年12月任第二方面军政治部主任。抗日战争全面爆发后，任中共中央北方局军委书记。后调任八路军驻第一战区联络处处长，从事对国民党军将领的统战工作，同时指导恢复整顿中共直南、豫北特委，在晋豫边区、太行南区等地创建抗日游击队。创办华北军政干校，培养了一批抗日军政干部。1939年5月任八路军第一纵队政治委员，与司令员徐向前赴山东统一指挥中共在苏鲁的部队。后兼任山东军政委员会书记、中共中央山东分局书记。1945年夏，主动向中共中央提出从事建设炮兵的工作，被任命为延安炮兵学校代理校长。1946年10月起任东北民主联军和东北军区炮兵司令员，兼炮兵学校校长，为人民解放军炮兵的建设奠定了基础。1948年10月1日，在辽沈战役攻克义县战斗中牺牲。

1905-1948
[ZHURUI]

◀ 朱 瑞

目录 MULU

■回国革命正当时（1929－1932） / 015

矢志找党 / 016

1929年9月18日，朱瑞离开莫斯科动身回国后，辗转徐州、上海，通过各种途径寻找党组织，最后巧遇邓颖超，终于在邓颖超的帮助下，找到了党组织。

24岁

地下斗争 / 018

朱瑞才回国半年，地下斗争的经验还不丰富，中央在考虑人选时，并没有想到他。但当他看到被指定前去的同志面有难色、犹豫不决时，便自告奋勇，要求到武汉工作。对于随时都有可能降临的死神，他毫不畏惧。

24－26岁

指导兵运 / 022

朱瑞被调回上海，中央分配他到军委兵运科主持兵暴训练班工作。朱瑞在训练班工作了十个月，先后培训了数百名兵运工作骨干，其中直接由他派到国民党各部队和兵工厂做兵运工作的有六七十人。

27岁

■率领红军捷报传（1932－1937） / 025

初担重任 / 026

1932年1月8日，朱瑞来到仰慕已久的中央苏区的红都瑞金，被中革军委任命为十五军政委，与军长左权一起领导这支宁都起义冲杀出来的部队。

27岁

指挥红五军团 / 029

1932年12月，朱瑞调红五军团任政治委员。在五军团工作了二十个月，是朱瑞指挥千军万马、鏖战沙场、出生入死的二十个月。他的政治理论水平高，工作能力强，有魄力，不但政治工作有办法，而且能打仗，是一位文武兼备的红军指挥员。

27－29岁

29-30岁

艰苦长征 / 035

1934年8月，根据朱瑞本人的请求，中央调他到一军团担任政治部主任，协助聂荣臻主管全军团的政治思想工作，任务十分繁重。他为了掌握第一线的情况，经常同先头部队一起行动，帮助前线指挥员筹谋划策，指挥战斗。

直罗告捷 / 040

1935年10月，红一方面军和陕北红军会师后，引起了敌人的极大恐慌，他们立即组织了五个师的兵力，企图趁我立足未稳，向我大举进攻。聂荣臻、朱瑞、左权等人指挥了直罗镇战役，成功粉碎了敌人对陕北革命根据地的进攻。

30岁

参加西征 / 043

1936年2月，朱瑞随同一军团东征。5月，红军东征凯旋归来后，红一军团和红十五军团编为西征军，由彭德怀统一指挥。朱瑞遵照周恩来和彭德怀的指示，同邓小平一起，带领四师到七营川地区向东北军进行统战工作。

31-32岁

■华北统战育英才（1937-1938） / 049

宣传抗日 / 050

1937年7月卢沟桥事变后，朱瑞遵照党中央的指示，离开红军，就任中共北方局军委书记。9月初，朱瑞受周恩来的派遣，赴国民党第一战区长官部政训处工作，朱瑞利用训练班的讲坛，宣传党的抗日主张，培养抗日干部。

32岁

团结统战 / 054

朱瑞利用第十八集团军第一战区长官司令部联络处长的这个合法身份，通过各种活动，宣传党的政策、主张，极大提高了共产党和八路军在当地群众中的威信，他本人也赢得了广大青年和社会进步人士的信赖。

32岁

创办"华干" / 057

在当地社会人士的资助下，他以豫北管区训练班培训的学员为骨干，办起了华北军政干部学校。经过朱瑞的苦心经营和精心培育，华北军政干校先后培养了两千多名学员，成为我党在华北坚持敌后抗战的一支重要力量。

32-33岁

■山东抗日功勋著（1939-1943） / 061

初战山东 / 062

从1939年至1943年，朱瑞一直是山东敌后抗战的主要负责人之一，对于山东抗日民主根据地的建设、发展，作出了重要的贡献。

34-35岁

复杂斗争 / 068

1939年，抗日军民和抗日根据地处于日、伪、顽夹击的极端困难之中。朱瑞贯彻党的抗日民族统一战线政策，来到山东根据地真诚团结大批党外民主人士和知识分子，充分发挥他们在巩固和发展山东抗日根据地斗争中的作用。

35-36岁

巩固成果 / 074

从1939年至1941年上半年，是山东敌后民主根据地的大发展时期，朱瑞和徐向前等根据斗争形势的发展和需要，在党、军队、政权建设方面做了大量的工作，山东敌后根据地成为华北抗战的重要战略基地。

34-36岁

克服不利 / 078

1942年是山东敌后抗战最困难的一年。为了战胜困难，朱瑞十分重视党的政治思想工作，特别是形势、政策的教育，使干部、群众不被一时一地的困难所吓倒，随时心明眼亮，精神振奋。

36岁

扭转局势 / 087

37－38岁

分局和朱瑞、罗荣桓等"及时接受了过去经验教训,灵活地密切地掌握时机及斗争策略,尤其是动员各阶层,依靠群众,隐蔽自己,争取友军,终于打开与改变了山东多年来三角斗争中我党我军的劣势局面。

■办校延安建炮兵(1943－1945) / 091

研读理论 / 092

1943年9月,朱瑞奉命去延安参加党的"七大",并于1944年2月进入党校学习。对于学习,朱瑞一向抓得很紧,不论是在烽火连天的苏区年代、披荆斩棘的长征路上,还是在戎马倥偬的敌后反"扫荡"岁月里,从没有放松过。

38－39岁

深入整风 / 095

39－40岁

1944年冬,党校整风学习逐步深入。在思想小结中,朱瑞联系自己的斗争经历,对照22个整风文件,从思想、政治、组织以及党性等方面,作了全面检查。

主政炮校 / 098

"七大"闭幕后,当朱瑞得知中央要他担任副总参谋长的意图后,便主动去找毛泽东主席,表示自己过去在苏联学过炮兵,要求做炮兵方面的工作,发挥自己的特长,在炮兵建设方面做一些力所能及工作,起一个桥梁作用。

40岁

■请缨东北热血酬(1945－1948) / 103

迁校东北 / 104

40岁

1945年8月15日,日本投降后,延安炮校即奉命迁往东北。按原计划,接收日军的装备,招兵买马,组建一支新式的人民炮兵。

英雄虽逝志常在（代序）

有这样一位英雄，他是红色政权的捍卫者，在土地革命的洗礼中脱颖而出；他是抗日救国的排头兵，在敌后烽火的严酷里勇挑重担；他是人民炮兵的奠基人，在解放战争的考验下一往无前。然而这样一位英雄却在曙光在即的胜利前光荣捐躯——这位英雄的名字叫朱瑞。

人们翻阅历史照片时，常见毛泽东在延安戴八角帽的那张头像。其实，在这幅经过剪裁的照片上，毛泽东身边还有一个人，那便是朱瑞。回顾解放军现代化进程时不能不提及他的功勋。

朱瑞出生在一个书香门第的地主家庭。少年的朱瑞饱读诗书，才智过人，青年的朱瑞风度翩翩，能力出众。如果没有割地赔款、丧权辱国的耳濡目染，如果没有军阀混战、国共反目的设身处地，如果没有军民抗战、救亡图存的义不容辞，我们的英雄，也许会是一位儒雅的教授，在神圣的课堂面对求知的眼睛言传身教；也许会是一位出息的儿子，在慈母的膝下尽一个子女应尽的孝道；也许会是一位负责的丈夫，在爱人的身边相濡以沫白头到老。可良知和责任，道义与信仰，却让朱瑞将军放弃了坐而论道、堂前尽孝、携手比肩、宁静祥和的坦途，而选择了一条抛家舍业、公而忘私、救国拯民、出生入死的荆棘之路。

作为中国人民解放军高级指挥员和炮兵部队的缔造者之一，

朱瑞将军在东北解放战争时期，任东北野战军炮兵纵队司令，于1948年10月1日在解放义县的战斗中牺牲，是解放战争中我军牺牲的最高将领。

让我们把历史的镜头推到1948年。这年深秋，朱瑞将军率领的东野炮一、二、三团与其他纵队配合，包围了义县。"轰"、"轰"……随着几声炮响，敌人的一些重要火力点顷刻之间被摧毁，靠近城门右侧的城墙被炸开了一个大豁口子。朱瑞为了及时了解和总结炮兵开拓突破口的情况和经验，凭着高度的事业心和强烈的责任感，在残酷的战斗还没有完全结束的情况下，就从指挥所出来，身先士卒向突破口跑去，不幸触雷牺牲，年仅43岁。

我们的英雄没能见证最后的胜利，在两难中，我们的英雄选择了大义，在短暂中，我们的英雄铸造了永恒！我们的英雄让自己英年早逝的生命化作一曲感召后人的赞歌，这赞歌响彻在江苏启蒙的庭院，响彻在广东求知的校园，响彻在江西鏖战的壁垒，响彻在万里浴血的征途，响彻在山东抗日的沂水，响彻在东北请缨的黑土，响彻在义县捐躯的战场，响彻在我们每一位中华儿女的心中。

解放后，义县人民为了纪念朱瑞将军，在烈士牺牲地竖立一块纪念碑，上书："朱瑞将军，解放义县。不幸牺牲，人人感念。碧血丹心，昭然可见。立此碑碣，永垂风范。"

胜利来之不易，幸福来之不易，那些为民族图存和革命成功而忘我捐躯的英雄需要我们牢牢铭记，他们不朽的精神需要我们代代传承，他们未尽的事业更需要我们不断开拓。

早年求知峥嵘路

(1905—1929)

➙ 幼年启蒙

★★★★☆

朱瑞1905年生于江苏省宿迁县朱大兴庄一个"书香门第三代的地主家庭"。他的父亲早年学武不成，后来当了农村的业余郎中（中医），对人宽厚、温和，深受人们尊敬。他母亲是一位性情冷静、倔强、勤俭的家庭妇女。由于"宗支繁衍，亲疏析离"，到朱瑞出生时，家道已中落。

朱瑞幼年体弱多病，8岁时失去了父亲，10岁入临村私立小学读书。校中有一位姓孙的教师，"曾与孙文共过奔走，带来不少有关革命党的消息……我年幼无知，每觉新奇"。12岁入县立高小。该校图书馆有很多藏书，朱瑞利用业余时间几乎遍读了小说、童话、故事。其中对他影响最深的有《岳飞传》、《七侠五义》和《水浒传》。"'岳传'增益我以热烈的民族思想,《七侠五义》赋予我对屈辱以崇高的同情心,《水浒传》给我以朦胧的社会思想及应该捣乱的念头"。他还通过读报,知道欧战,并第一次听到关于劳农俄国、列宁等革命名词。他把这些与"新奇"的"革命党"联系在一起,逐渐由仰慕古代行侠尚义的侠士转而仰慕"革命党"。

△ 朱瑞将军雕塑

→ 少年意气

正当朱瑞思想急剧变化的时候，伟大的五四运动的洪流也波及到了朱瑞所在的苏北小镇。只有 14 岁的小学五年级学生朱瑞积极投身到这场伟大的反帝爱国斗争中，成了一个"激烈的、突出的、狂热的爱国主义分子"。他第一次参加了学校及城镇的反日政治斗争，和同学一起到各商号检查商品，搜查日货。

1920 年秋，朱瑞入徐州培心中学就读。这是一所美国人办的教会学校，学校的教育完全是为着灌输奴化思想和宗教迷信，对学生的思想控制很严。朱瑞入学不久，就在同学中宣称自己不信教。每逢被迫参加礼拜

△ 少年朱瑞，意气英发

时，他"常偕同一部分进步同学捣蛋"（他们吃圣酒，我们则吃烧酒，他们啖圣馔，我们则吃烧饼）。这期间，他受到了一些进步青年的影响，读了"更多的新书籍……《向导》《新青年》《孙文主义学说》《独秀文存》《三叶集》……"粗知一些共产主义、无政府主义和列宁生平等新知识。

1922年6月，一位低年级学生因星期天外出没有请假，遭到了校方的毒打。朱瑞立即发动本班同学起来罢课，风潮很快波及全校。学校当局害怕事态扩大，遂宣布提前放假，并开除了朱瑞等60名罢课学生。

这年秋天，朱瑞在同学的帮助下，到南京钟英中学上高中。这是一所私立中学，商业色彩很浓。学生中大多为春试落第者或行为放荡、不喜读书的纨绔子弟。朱瑞是一个立志报国、诚心求学的青年，不为环境所左右。在同班同学中，他的学业成绩非常优异。在全市性的统考中，他多次名列前茅，为学校争了光。所以，不但学校和科任教师喜欢他，同学对他也格外敬重。他也经常利用作文和演讲的机会，抨击时政，斥责帝国主义的侵略行径和北洋政府的腐败无能。

当时南京还处在直系军阀齐燮元统治之下，政治黑暗，革命势力受压抑。朱瑞却像一只初生牛犊，无所畏惧地抨击时政。他曾自拟一篇题为《拟孙文讨贼檄》的文章，仿唐代文人骆宾王《讨武曌檄》的笔调，痛快淋漓地斥责北洋军阀的暴政，深得进步国文教师的赞许。他在校刊上发表了一篇小说，通过一个青年的不幸遭遇，深刻揭露了帝国主义的侵略罪行和北洋军阀的腐朽无能，并通过这个青年之口大声疾呼："所谓民国，只有招牌，没有内容"，要建立名副其实的民国，"还要革命"。

1924 年 6 月，学校举行毕业典礼，朱瑞代表毕业生致词。他当着督军代表的面，猛烈抨击时政，言词非常激烈，校方教员都为他捏把汗。不过，这时的朱瑞，仍然徘徊在各种新思潮的十字路上，"除了共妻主义外，社会主义、共产主义、无政府主义、孙文主义，我均赞成"。

→ 青年进步

★★★★★ （19—21岁）

高中毕业后，朱瑞即赴上海报考国立广东大学，结果如愿以偿。在上海复习考试期间，他经当时在上海大学的原徐州同学马汝良的介绍，加入了社会主义青年团和国民党。

1924年秋，朱瑞"抱着无限希望"到了广东大学，被编在法学院预科学习。作为当时全国革命中心的广州，社会上斗争轰轰烈烈，而广东大学在校长、国民党右派邹鲁的控制下，却死气沉沉，有些功课"比中学还低"；"学校组织松懈，既无新事物，亦无新思想"，使他深感失望。于是，他改变了"认真学一学"的初衷，转而"尽自己所有，搜求进步书籍，自行研读"。他查阅了图书馆的有关书目，拟定了读书计划，经过一年学习、钻研，思想有了新的飞跃。过去他对社会主义的了解还处于朦胧状态，这时，他已从扑朔迷离中解脱出来，确立了对马克思主义的完全信仰。

随着认识的提高，他开始更加自觉地靠拢党组织，并在党组织的领导下，积极参加学校反击国民党右派的斗争。入学不久，他就加入了中共领导的新学生社，并被班上的同学选为新学生社的负责人。1925年，法学院的右派学生也组织了孙文主义学会，与黄埔军校的孙文主义学会一唱一和，在邹鲁的亲信谢赢洲的支持下，妄图夺取法学院学生运动的领导权。但他们的这一阴谋很快被新学生社粉碎了。朱瑞带领本班新学生社成员积极参加了这场斗争。他还受党组织的委托，专程到黄埔军校通过同乡了解该校青年军人联合会与孙文主义学会的斗争性情况，向进步学生作介绍，提高大家对这一斗争性的认识。

1925年冬，为了反击国民党右派的进攻，在中共粤区学委的领导下，广大新学生社成员和民权社左派分子联合，开展了声势浩大的驱邹运动，要求撤换校长，改组文理学院、法学院的领导，把邹鲁的右派势力驱逐出去。为了更有效地打击敌人，粤区学委和学校党支部的负责同志曾要朱瑞通过私人关系，了解孙文主义学人和民权社右派组织内部动向和活动计划。他出色地完成了任务，因而得到了学委负责同志的好评，说他是"斗争的中坚分子"。

正在这时，莫斯科中山大学到广州招生。朱瑞立即报名，并顺利通过了笔试和口试。在中共粤区学委的推荐下，经国民党中央组织部长谭平山批准，他以左派青年的名义，获准第一批去莫斯科中山大学学习。12 月 4 日，朱瑞怀着兴奋的心情，从珠江码头乘船离开广州至海参崴，又转乘火车，于 1926 年 2 月 24 日（农历正月十二）抵达莫斯科，开始了留学生的生涯。

→ 留学苏联

★★★★★

（21—24 岁）

朱瑞是那个充满革命理想主义和革命激情年代的产儿。像那个年代的许多激进的革命青年一样，朱瑞从广州出发，踏上了赴苏之路。从 1926 年初至 1929 年 7 月，朱瑞先后在莫斯科学习近四年，在他的同学中，有

△ 莫斯科中山大学

邓小平、左权、傅钟、李卓然这些以后成为中国革命领袖和人民军队将领的知名人物。

1926年2月26日,朱瑞入莫斯科中山大学。他们一行22人,被单独编为一个班,补习俄语。此后,他改名叫西尼(强有力的意思)。朱瑞珍惜这个难得的机会。对于学习,他"自始至终是认真的,用功的,发挥了从来未有的自觉与智慧"。开学不到两个月,他就能把胡汉民的《三民主义与中国革命》一书译成英文,然后再译成俄文。

任教的俄语老师看了他的译稿，惊喜交加，大为赞赏，立刻推荐给有关领导，并提议将他升入俄语第一班（即当时中大第一班）直接听讲，这一提议立刻获得了批准。朱瑞在第一班学了三个月后，又向学校提出要求转入第七班。除了翻译班之外，第七班是中大俄语水平最高的一个班，他的要求又获得了批准。

朱瑞升第一班不久，"即以活动分子之一被选为学生公社（即学生会）"。1926年3、4月间，因为他"努力学习，富有正义感，看到不合理的事情敢于面对面地进行斗争，关心国家、民族兴亡"，遂由丁祝华等介绍，加入了苏联少共（即苏联共产主义青年团）。他在记述这件事时写道："这是我一生的共产主义奋斗生活之始……其实际意义是我已具体、明确地确定了人生奋斗的方向。"

国内国共两党日益尖锐的斗争，在莫斯科中山大学的国共两党学生中也有反映，主要表现在广大共产党员、共青团员同孙文主义学会成员之间的斗争上。第七班在当时的中大被称为"理论班"，是国共两党人才最集中的一个班，国共两党后来许多有名的人物都在这个班学习过，共产党方面有左权、邓小平、俞秀松、傅钟、李卓然、朱瑞等，国民党方面有谷正纲、谷正鼎、邓文仪、康泽、李秉中、郑介民等，因而斗争也最为激烈。朱瑞多次在辩论会上作专题演讲，他一针见血地指出，所谓孙文主义学会，不过是一部分人为了自身的利益，打着孙中山的招牌，挂羊头卖狗肉而已。他的雄辩口才和高强的活动能力，使他成了这场斗争射向孙文主义学会分子的"箭头子"。

朱瑞在中大学了一年半，于1927年夏天毕业。由于国内形势的变化，国内斗争急需军事人才，他便按照共产国际的决定，继续留在苏联学习军事。当年秋天，朱瑞进入莫斯科克拉辛炮兵学校学习。他智慧聪颖，又刻苦用功，因而学习成绩突出，成为炮校中国留学生中的高才生，得到了炮校东方部主任更巴赤的赏识和同学们的普遍称赞，入炮校不久，便被提拔为班长、副排长，后又任中国连的司务长，主持全连行政管理工作。他对于公务总是"辛辛苦苦，想方设法把事情办好"。同学们有什么困难问题去找他，他就像大哥一样热情地为之出主意、想办法，排难解忧。大家背地里议论他时，都不约而同地称他为"我们的指挥员"。

1928 年春，朱瑞当选为炮校苏联少共委员会委员。同年 6、7 月间，经联共党员米夫（中大校长）、阿哥尔（中大教员）、波古烈也夫（中大职员）、瓦悉烈夫（炮校副政委兼政治部主任）和炮校党委书记等六人介绍，他加入了苏联共产党。

朱瑞在炮校学习期间，还积极地参加了反托派的斗争。当时，在炮校的中国学生中，有少数人同苏联的托洛茨基分子相勾结，明目张胆地反对共产国际，攻击斯大林为首的联共中央。在校内，他们不遵守制度，还专门打击那些努力学习、积极工作、遵守纪律的进步同学，谩骂拥护斯大林的中国学生是"俄国人的走狗"。朱瑞组织进步学生同他们进行了坚决斗争。他后来在回顾这段经历时说，在炮校"我是反托派最积极的一个"。通过反托派斗争，使他"不仅明确党外有斗争，而且认识了党内斗争"。

1929 年 7 月，朱瑞在毕业考试和实弹射击中均获得了第一名，受到了炮兵学校领导的嘉奖。毕业后，朱瑞急欲回祖国，投身国内火热的斗争，但学校领导却安排他们到苏联陆军大学深造。正在为难之际，适中东路战事扩大，党中央决定从苏联抽调一批熟悉军事的人才去东北筹建军委，开辟革命根据地。经共产国际研究，决定派遣朱瑞回国。

回国革命正当时

(1929-1932)

→ 矢志找党

★★★★★

（24 岁）

1929 年 9 月 18 日，朱瑞离开莫斯科动身回国，途经德国、意大利、新加坡、香港，于次年 1 月到达上海。与他同行的还有陈家齐、滕功成二人。为了领取护照，他们在德国柏林停留了三个月。

回国时，共产国际告诉他们，到上海后住先施公司东亚酒楼，组织上会派人去接头。但一连住了半个多月，没有人前来联系。他们归国时所领旅费有限，而且旅馆的房租很贵，经商量决定，彼此分头活动，设法与组织取得联系。朱瑞第二天即动身乘火车去徐州找中学同学马汝良，不料这位当年曾引导他走上革命道路的老同学，在朱瑞说明来意之后，却吞吞吐吐。朱瑞见此情景，敏锐地察觉到，对方不是叛变，便已消极。本来约定第二天再见面，为了防止意外，他当即乘夜班车赶回上海。

朱瑞的家乡就在徐州附近，他本想这次去徐州顺路回家探望一下日夜想念的年迈母亲。自从他到广东上学，除了1925年暑假回过一趟家，就再也没有同家人见过面；到苏联后，连音讯也断了，一别就是五年。但是，在徐州的遭遇，使他再也无心回家了。

朱瑞由徐州返回上海后，继续通过各种途径寻找党组织。这期间，他确实也碰到过不少过去的同学、朋友，其中有些人在大革命期间也曾活跃过一阵，但随着革命从高潮走向低潮，这些当年的活跃分子大都沉沦、消极了。他们害怕斗争的残酷，对革命失去了信心。有的朋友对他说：自从大革命失败后，共产党一蹶不振；现在是国民党掌权，天下大势已定，再斗争也没用了，何必去干那种没有希望的冒险事情呢？有的劝他放弃政治，改行经商，甚至约他合伙做生意。正当他奔走街头，为不能找到党的组织而忧心如焚的时候，托派组织却想乘机拉他入伙。对于这一切，他从心底里感到厌恶。朱瑞矢志找党。但为了不暴露自己的身份，每遇到熟人他便佯称早已从苏联回国，在家乡当教员，这次来上海是为了"散散心"。3月下旬的一天，朱瑞正漫步在街头，突然望见邓颖超正陪着她妈妈散步。他欣喜若狂，立即迎上去说明自己的情况，托她代为转告组织。在邓颖超的帮助下，中央组织部很快就派方英把他们接到了军委机关。朱瑞在回顾这段历史时写道：“自莫斯科动身，到找到党，先后六个月，这中间是我们最孤零、苦闷的时候……在找到党以前，我们都像失去母亲的孤儿。”这时的朱瑞，已作为“一个自觉的共产党员在斗争及工作中站起来，行动了！”

→ 地下斗争

★★★★★

党组织根据朱瑞的情况，分配他到中央军委参谋科担任参谋。1930 年 5 月，朱瑞出席了在上海召开的全国红军代表会议，担任会议的秘书兼记录。这次会议在李立三的主持下，通过了“左”倾冒险主义的决议案，决定整编各地区的红军，命令红军攻打中心城市，以期实现一省数省的胜利。会上，李立三完全否定了毛泽东关于发展农村游击战争的正确主张，坚持无条件集中人员、集中枪支，以充实编制正规红军。朱瑞等当时虽不理解毛泽东主张的正确性，但也不同意李立三的"无条件集中主义"，而主张"采取一面发展、一面集中"的方针。就是这样一个折中方案，也没有被会议采纳。

红军代表大会结束后，朱瑞被派往鄂豫皖苏区传达会议的精神。他在那里停留了三个月，按照中央的指示，将当地红军编为红一军，下辖一、二、三师，并推动三个师的红军向武汉发展。当红一军9月初出发去攻打广水时，朱瑞从黄安之小河溪出苏区，行至三岔埠，为当地地主民团所怀疑。他佯称自己是汉口怡和蛋坊的执事，到花园一带收账，机智地应付民团的搜查和盘问，于9月底回到上海。

10月，长江局军委秘书长张金刃（即张慕陶）"于被捕中动摇逃脱，被侦缉队击伤，没人接替工作"。适关向应路过上海回武汉，要求中央派干部前往接替。当时，由于李立三的"会师武汉，饮马长江"的军事计划的暴露，武汉的白色恐怖非常严重，因而在被派往武汉工作的同志中流传着一句口头语："我是扛着棺材去的。"本来，朱瑞才回国半年，地下斗争的经验还不丰富，中央在考虑人选时，并没有想到他。但当他看到被指定前去的同志面有难色、犹豫不决时，便自告奋勇，要求到武汉工作。关向应对他这种知难而进的精神十分满意，立即接受了他的要求。朱瑞这次是抱着牺牲的决心去武汉的。临行前，

△ 武汉法租界老照片

他给长兄写了一封与家人诀别的信："我到远方，生死难卜，以后不再向家中通信了。"

朱瑞于10月底到达武汉，任长江局军委参谋长兼秘书长，隐蔽在法租界一家日本人开设的照相馆内，协助关向应主持军委的日常工作。这时，由于宋惠和的叛变，武汉的"形势更加严重，破坏屡屡，牺牲接踵"。党中央鉴于武汉形势日益恶化，党的干部接连被捕、牺牲，于12月中旬作出了将武汉长江局工作人员全部撤出，只留外交科、军委交通科与交通站的决定，并指名要关向应、任弼时、顾作霖尽快离开武汉返回上海。但他们因工作紧张，一时还不能脱身。12月下旬的一个晚上，关向应、任弼时、顾作霖等长江局领导同志正在开会，敌人在叛徒的指引下，直接向长江局的驻地奔袭而来。大家闻讯，急速从后门撤走，不到五分钟，搜捕的敌人就从前门闯入会场。在这种情况下，长江局的主要领导人只好立即撤离武汉。他们临走时，把长江局和武汉市委的工作悉交朱瑞负责。

敌人自从破获了长江局机关后，气焰更加嚣张；同时由于叛徒的告密，敌人暗探的触角也伸进了军委系统。朱瑞主持军委工作不久，军委下属一些秘密据点相继被敌人破坏，后来连他的秘书叶福民也被捕了。处此险境，他随时都有被敌人逮捕的可能。但在他看来，自己能在夹缝中与敌人周旋，正是一个革命者的乐趣所在，即使遭到不幸，也是一个革命者光荣的归宿。所以，他对于随时都有可能降临的死神毫不畏惧。有一天夜里，他同一位同志在分析敌我斗争形势时，彼此并玩笑说："看来下一步该轮到我们头上了！"这位同志第二天出去给湖北省委送款时，在路上被敌人跟踪，在同敌人搏斗中壮烈牺牲。朱瑞仍坚守自己的岗位，镇定自若地进行指挥，将军委系统联系的党员和统战对象分期分批地撤出，使他们安全离开了险境。后来，关向应考虑到武汉白色恐怖严重，工作一时难以开展，为避免干部牺牲，决定调朱瑞回上海。朱瑞接到指示后，于1931年2月回到上海。

→ 指导兵运

★★★★★

（27岁）

　　回上海后，中央分配他到军委兵运科主持兵暴训练班工作。这个训练班的地点就在上海中国旅馆地下室和四马路中华旅馆，任务主要是培养训练对国民党军队进行策反的骨干，训练的内容分政治、业务两方面，朱瑞负责政治课程。由于他知识渊博，口才又好，能按照学员的不同程度开展教学，因而效果很好。一位当年在训练班听过朱瑞讲课的老同志深有感触地说："算起来，时间都过去50年，可是他讲的内容和前后次序，我还记得清清楚楚。"

　　朱瑞在训练班工作了十个月，先后培训了数百名兵运工作骨干，其中直接由他派到国民党各部队和兵工厂做兵运工作的有六七十人。1931年12月发动有名的宁都暴动的王超、袁血卒、李肃等，就是由朱瑞派出的。袁血卒回忆说："5月的一天，有一个高个子，头戴台湾式草帽，身穿纺绸大衫，脚上皮鞋锃亮，腋下挟着把洋伞，大摇大摆地走到中华旅馆来。看外表，完全是一位大学教授的派头，同我们这些人的大学生打扮是很相称的……看他那谈笑自如的风度，便知道他是一位善于应付环境的能手。他一边用手搓着麻将，一边给我们上课，布置任

▽ 旧上海四马路

务。在我们临走的前一天，他又来找王超同志，嘱咐说：'如果情况紧急，需要红军配合，你们可以直接去找红军联系，就说是我朱瑞派你们去的，如有情况需要向中央请示汇报，可写信寄复旦大学袁风渊收。'并给我们发了活动经费和联络暗号。"

这期间，他还根据中央的指示，同国民党部队将领孙蔚如、孙殿英等驻上海的代表联络，对他们进行统战工作；有时也到基层，协助区委开展工作。1931年4月，顾顺章被捕叛变后，为了安全起见，中央和周恩来决定将一批无法在上海立足的同志，撤退到中央苏区。朱瑞奉命于1931年12月离开上海。

朱瑞从苏联回国后，在白区工作了两年。两年来工作"是努力的，有些成绩的"。这也是他"锻炼、考验以及从思想、行为、组织上最后巩固的年代"。

率领红军捷报传

(1932—1937)

→ 初担重任

1932 年 1 月 8 日，朱瑞来到仰慕已久的中央苏区红都瑞金，先后担任中国工农红军总司令部科长、五军团训练队政委、红军学校教员等职。1932 年春，红一军团的三、四军和五军团的十五军组成东征军，由毛泽东率领向福建的闽西南挺进，先后占领了龙岩、漳州等城市。朱瑞到达中央苏区后，被中央革命军事委员会任命为十五军政委，与军长左权一起，领导这支从宁都起义中冲杀出来的部队。

朱瑞就任十五军政委后，即遵照毛泽东的指示，同左权带领部队深入到天宝、南靖一带的广大农村，发动群众，打土豪，分田地，开展土地革命，并在斗争中扩大红军力量。

　　6月，朱瑞奉命到五军团任红三军政治委员，不久即参加了水口战斗。8月15日，朱瑞和军长徐彦刚率领红三军参加攻打乐安县城战斗。16日清晨，红军发起总攻，红三军攻打东门，红四军攻打南门。敌人居高临下，凭险固守，激战数小时未果。次日破晓，我军再次发起强攻。敌人在空中飞机的支援下，不时组织反击，企图突围。朱瑞亲临前沿阵地，观察敌情，鼓舞士气，指挥战斗，并组织突击队逼近敌人，同敌进行白刃格斗，终于突破了敌人的层层防线，攻进北门。

▽ 红三军司令部旧址百岁二道龙门

在红四军的密切配合、协助下，守敌全军覆没，俘虏敌旅、团长以下三千多人。

攻占乐安后，朱瑞和徐彦刚立即率领红三军向宜黄挺进。在红三军团一部和红十二军十三师的配合下，经过两个昼夜的激战，攻克了宜黄。国民党二十七师师长高树勋为了逃脱全军覆没的命运，急急忙忙率领残部向抚州溃逃。红三军指战员乘胜追击，在龙骨渡又重创逃敌，生俘敌军一千七百余人。抗战初期，高树勋在同朱瑞的一次会面中曾经感慨地说："今天我们是朋友，江西那一战，你把我们打得好苦啊！"另一个知情的国民党将领补充说："抚州追击那一战，你把他（指高树勋）打得连鞋子都跑掉了。"说完彼此哈哈大笑。宜黄战斗，由于指挥得当，不仅缴获多，而且伤亡少。据统计，这一仗红三军仅牺牲六人，伤十四人。

→ 指挥红五军团

（27—29岁）

1932年12月，朱瑞调红五军团任政治委员。1934年初，在江西瑞金召开的第二次中华全国苏维埃代表大会上，他当选为临时中央政府执行委员。

红五军团是由宁都暴动的原国民党军孙连仲的第二十六路军改编的。一年米，在原军团长董振堂、政委萧劲光、副军团长赵博生、政治部主任刘伯坚等领导下，经过龙岩、漳州、水口等战役的锻炼，部队的政治素质和战斗力都有很大提高。但由于战斗频繁，部队的教育改造工作还跟不上形势发展的要求，各级指挥员中还不同程度地存在着军阀主义的残余作风。朱瑞到任后，首先抓党的建设。他注意物色干部，充实各级政治工作机关，以加强部队的政治思想工作。他善于利用战斗间隙，组织各级指挥员学习红军的政治工作条例，批判军阀主义的残余作风，号召大家树立平等待人的思想和民主作风，建立新型的官兵关系；并在全军团内重新进行阶级教育，开展新旧军队的对比活动，以激发战士的主人翁思想。他还经常给指战员作政治动员和形势报告，鼓励大家为苏维埃事业而奋斗。在他的领导和带动下，五军团的政治思想工作出现了新的气象，干部间的团结增强了，部队的纪律加强了，政治素质和战斗力也提高了，在战中"建立了不少战功"。

　　1933 年 2、3 月间，蒋介石调集了五十万兵力，向中央苏区发动第四次"围剿"，采取分进合击的战术，分兵三路，企图合击我南丰、广昌一线的红军主力。周恩来、朱德洞察敌人的战略意图，立即将围攻南丰的三、五军团撤出，埋伏在乐安到宜黄路上的黄陂一带大山中，只以地方武装与敌周旋，迷惑敌人。2 月 27 日，当陈诚第五军的第五十二师和第五十九师从乐安出发路过黄陂时，我军突然发起攻击，一举歼灭了蒋介石嫡系的两个师，活捉了五十二师师长李明（因重伤毙命）和五十九师师长陈时骥。这一仗打得蒋介石叫苦不迭，使他不得不承认："此役挫失，凄惨异常，实有生以来唯一之沉痛。"

　　朱瑞和董振堂是这次战役中右翼部队的最高指挥员，担负着消灭敌五十九师的任务。战前，朱瑞亲自向各级指挥员进行政治动员，布置战斗任务，要求指战员发扬红军英勇作战，不

△ 董振堂

怕牺牲的精神，去争取战役的胜利。27日下午
战斗打响后，他和董振堂亲临第一线坐镇指挥。
当他发现突击部队因故未能如期赶到指定地点，
便当机立断，调整部署，指挥后续部队抢占有利
地形，投入战斗。战斗过程中，他和刘伯坚又亲
自组织政工人员，开展火线政治工作。在军团指
挥员的带动下，广大指战员"不顾一切，不怕牺
牲，冲锋陷阵，同敌人肉搏血战"，负伤的战士"卧
在血泊中"，仍"鼓励战友奋勇前进！"全军上下，
同仇敌忾，奋力作战，终将顽敌五十九师全部歼

灭。

3月21日，朱瑞和董振堂又指挥五军团在草岗台配合一、三军团，消灭了被称为蒋介石的"冠军"部队第十一师和第九师的一个营。

经过黄陂、草岗台两次战役，红军粉碎了蒋介石发动的第四次"围剿"。

1933年9月，蒋介石又集中了一百万兵力，聘请德国军事顾问，向各根据地发动了新的进攻。他以五十万的兵力，采取步步为营，碉堡推进的战术，向中央苏区发动了第五次"围剿"。红三军团和五军团在黎川东北部的洵口同敌人打了一个遭遇战，三军团的三、四两个师消灭了赵观涛所部第十八旅的三个团；五军团十三师击溃了前来增援的周浑元部第三十六旅，夺得了第五次反"围剿"第一个战役的胜利。但是，由于第五次反"围剿"是在"左"倾错误负责者博古和军事顾问李德（德国人）的指挥下，打的是"阵地对阵地"、"堡垒对堡垒"的所谓正规战，红军擅长的游击战战术优势得不到发挥。尽管红军广大指战员勇猛战斗，战争形势却日益逆转。

朱瑞和董振堂根据过去反"围剿"战役的成功经验，在敌人的优势兵力和强大炮火的攻击面前，曾提出要"避免正面作战和阵地战，应于运动中侧击敌人消灭敌人"的战术，但遭到了坚持"左"倾错误领导者的拒绝。12月15日、16日，他们命令红五军团在黎川通往太宁的要冲德胜关，同敌人的优势兵力展开"堡垒阵地战"。红军的所谓"堡垒",不过是一种临时性的掩体,自然经不起敌人重炮的猛烈轰击;况且,红军的弹药、物资补给又多取自于敌,由于战斗接连失利,弹药器材不能得到及时补充,"全部轻重机枪、自动步枪俱因无弹停用,步枪每支平均子弹不过五粒"。在这种情况下,尽管"许多红军战士虽一天半没吃饭,还是异常兴奋、毫无怨言","受敌机炮弹及一切集团火力的压迫犹毫不动摇地坚持抗战",给了敌人以重大杀伤;但五军团也受到了相当大的伤亡,被迫放弃了阵地。

不久,红五军团退守建宁。建宁是中央苏区的重要屏障,蒋介石把他的嫡系精锐陈诚部队调来进攻,后来又加入了汤恩伯的部队。他们使用堡垒战术,步步为营,逐步向我红色区域推进。在敌人优势兵力的攻势下,五军团顽强阻击敌人达半年之久。朱瑞亲自起草了《五军团关于保卫建宁的政治动员令》,号召全体指战员"必须用一切力量保障这一战略基地……即使战斗的一分一刻时间,也要进行战斗的宣传鼓动,煽起全体指战员高度的顽强抗战,消灭敌人的决心"。在保卫建宁的日子里,据当时新调到五军团任参谋长的曹里怀回忆，朱瑞的工作是极其紧张、繁重的，"每天天蒙蒙亮就要带领部队上山占领阵地，构筑工事，防止敌军的偷袭和敌机轰炸；白天，同军团长董振堂一起指挥战斗，领导开展政治工作；晚上，要了解各部队当天的战斗情况，听取参谋人员的汇报，查看地图，确定第二天的阻击阵地、各部队的撤退路线和宿营地，给各师、团起草命令。他的工作很深入，很具体，各种指示、命令都是亲自动手写……"。建宁防线被敌人突破后，五军团又奉命退守泰宁、广昌。

朱瑞在五军团工作了二十个月，这是指挥千军万马，鏖战沙场，出生入死的二十个月。当年与朱瑞同生死、共患难的曹里怀、莫文骅、苏进、王永励、李毅、耿万福等，都怀着敬重的心情追忆说："朱瑞政治理论水平高，工作能力强，有魄力，不但政治工作有办法，而且能打仗，是一位文武兼备的红军指挥员。"莫文骅还特别指出："五军团在第五次反'围剿'中是很艰苦的……但是全体指战员的情绪始终是高昂的，很有战斗力，立了不少战功，这与朱瑞的艰苦工作和以身作则的模范带头行动是分不开的。"

→ 艰苦长征

★★★★★ （29-30 岁）

1934 年 8 月，根据朱瑞本人的请求，中央调他到一军团担任政治部主任。9 月，他参加了兴国保卫战。随着兴国保卫战的失利，红一方面军被迫于 1934 年 10 月撤出中央根据地，开始了举世闻名的长征。

1935 年 1 月，党中央在贵州遵义召开政治局扩大会议，确立了以毛泽东为代表的新的中央领导，朱瑞十分振奋。

3 月 9 日上午，党中央在遵义中学召开了团以上干部会议，首先由朱瑞作遵义战斗的总结报告。他指出：这次遵义战斗，我英勇红军打垮了贵州军阀王家烈两个师，紧接着又击溃了周浑元、吴奇伟纵队三个师二十个团的进攻，共消灭敌人七千多，缴获枪支四千多支。这次遵义战斗，扭转了红军出征以来的被动局面，实践证明了毛泽东领导的正确。

6月中旬，红一方面军和红四方面军在懋功地区胜利会师。两军会师后，党中央和毛泽东等同志正确分析了当时的国内政治形势，决定红军继续北上，以便推进和领导全国的抗日救亡运动。然而张国焘却反对中央北上抗日的正确方针，同时自恃人多、枪多，公然向中央伸手要权，挑起了一场严重的斗争。朱瑞一开始就站在党中央和毛泽东等的正确立场上，同张国焘的错误方针进行了坚决斗争。他先后向一军团的广大干部详细传达了中央政治局两河口会议、巴西会议、俄界会议的决定，多次在他主持的各种会议上指出：一、四方面军会师后，我们的战略方针应是集中力量向北进攻，在运动中消灭敌人的有生力量，首先取得甘肃南部、创造川陕甘苏区，使中国苏维埃运动放在更加巩固、扩大的基础上，以争取西北各省以至全国的胜利。为了实现这一方针，"必须坚决反对避免战争退却逃跑，以及保守偷安、停止不前的倾向。这是目前创造新苏区斗争的主要危险"。他还指出："只有北上，才能使红军得到发展，推动抗日高潮的到来。"大家听后"很振奋，一致拥护党中央的路线，并表示团结一致，克服困难……向甘南前进"。由于聂荣臻、朱瑞等深入细致的政治工作，进一步统一了一军团广大干部和战士的思想，使他们紧密地团结在党中央的周围，为顺利完成长征，提供了有力的思想保证。正如他自己后来所说的："反张国焘斗争是对我一个考验，开始即确定，明确坚定地为中央路线而斗争……我个人自始至终不但坚持党的路线，而且一开始便自觉地从思想上及经验中洞察张国焘之奸恶，拥护党中央及毛泽东同志……在政治工作上是捍卫党的路线，从思想上巩固及团结了群众。"

8月17日，朱瑞在一军团政治工作会议上作了过草地的动员报告。在过草地的日子里，朱瑞的马不是让给伤病员骑，就是给战士们扛枪、驮背包。行军休息时，他总是到处查看，找干部、战士谈心。他说："我们今天为什么要过草地，受这么大的苦呢？是为了劳苦大众的解放，为了苏维埃事业……一定要有坚定的信心，跟着朱、毛走出去。"指战员们听了都很受感动，他们眼含泪花说："首长，您别只顾我们了，您不是和我们一样行军、作战、吃苦吗？您也该休息一下呀！"当时最大的困难是没有粮食。过草地前，朱瑞在动员中曾下达命令要求每人准备好七天的粮食，实际上搜集不到这么多，有好些同志在行军中又把仅有的一点粮食丢了。他动员有粮食的同志发扬阶级友爱精神，彼此匀着吃；同时发动大家采蘑菇、野菜。吃饭时，他一边端着碗，一边大声诙谐地说："同志们，蘑菇可是好东西啊，营养价值高得很呢，吃了有劲，好走出草地。"有的同志饿得走不动了,他就鼓励说:"再加把劲吧!听说前面就有粮食了。"其实前面究竟有没有粮食，连他自己也不清楚，但在那种情况下，用"画饼充饥"的办法，也会给人带来一种希望，使那些饥肠辘辘、疲惫不堪的同志产生一种前进的力量。

朱瑞长期患有胃病，长征路上由于伙食极差，胃病经常发作，并且每次都很厉害。但他在生活上严格要求自己，从来不搞特殊化，即使偶尔碰到改善伙食的机会，也总是多方推脱，把这种难得的机会让给别的同志。萧锋回忆说:"走出草地不久，军团直属队在一个山沟里打土豪，搞到了四头肥猪、十几只鸡，还有许多纸烟。大家为了照顾首长的健康，分别给他们送了一份。他们估计朱瑞一定不会接受，便决定请他同大伙儿一起'吃小灶'。当炊事员把饭菜做好，派人去请他时，他说同志们一路上很艰苦，难得有这么个机会，应该好好在一起高兴高兴。但他随之又借口有事情要急于处理，谢绝了大家的好意。"

朱瑞是一军团的政治部主任，协助聂荣臻

主管全军团的政治思想工作，任务十分繁重。但在行军作战时，他为了掌握第一线的情况，经常同先头部队一起行动，帮助前线指挥员筹谋划策，指挥战斗。9月17日，一军团二师先锋团行进到天险腊子口时，被敌挡住去路。敌人凭险固守，给红军前进造成了很大困难。为了尽快攻下腊子口，同时减少部队的伤亡，朱瑞亲自赶到前沿观察地形，同四团团长王开湘和政委杨成武一起研究进攻路线，发动群众献计献策，组织部队从右岸的悬崖绝壁攀登上去，绕到敌人的左侧后发起突然攻击。敌军在我猝然打击下，以为神兵天降，狼狈溃逃，很快攻下了天险腊子口，为全军扫清了前进的道路。

△ 腊子口战役纪念碑

→ 直罗告捷

1935 年 10 月，红一方面军和陕北红军会师后，引起了敌人的极大恐慌，他们立即组织了五个师的兵力，企图趁我立足未稳，向我大举进攻。党中央和毛泽东决定在直罗镇给来犯之敌以歼灭性的打击。11 月 13 日，朱瑞向一军团直属队作战前动员。他分析了敌我双方的形势和力量对比，指出这是中央红军和陕北红军会师后的第一仗，要求大家鼓足勇气，发扬红军猛冲猛打的作风，打一个漂亮仗。在从驻地向柳青岸行军的路上，朱瑞仍不断向大家讲解直罗镇战役的有利形势以及我军必胜的各种因素，鼓舞指战员的战斗士气。21 日上午，红军突然由两侧山头向刚刚进入直罗镇的东北军一〇九师发起猛烈进攻。正当军团预备队第二师向山下敌人冲锋时，突然从另一条山沟里冒出一股敌人向军团部冲来，而军团部身边已无作战部队，情况十分紧急。聂荣臻、朱瑞、左权等立即组织警卫连和机关干部进行阻击。敌人企图夺路而逃，不断发起冲锋，但他们一次又一次被打垮了。后在二团的回援下，终于将这股敌人围歼。这一仗，光军团直属队就俘虏了五六百敌人。

直罗镇战役粉碎了敌人对陕北革命根据地

▽ 红军长征到达陕北后，红一军团、红十五军团部分领导人合影。左起：王首道、罗瑞卿、杨尚昆、程子华、聂荣臻、陈光、徐海东、邓小平。

的第三次"围剿"。在胜利的凯歌声中，迎来了1936年。朱瑞在《战士报》"新年献辞"一栏里发表了《艰苦的一年，伟大的一年》一文，全面总结了红军长征以来所经过的艰苦历程和所取得的伟大战绩，特别是遵义会议以来，红军在毛泽东领导下所取得的一系列辉煌胜利。文章最后指出："这一年，我们在党中央和毛主席领导下，越过了巍巍雪山，跨过了茫茫草地。我们战胜了困难，也战胜了张国焘的机会主义……我们以一双脚，一支枪，百战的身躯，完成了人类空前伟大、艰苦、神圣的远征！"

→ 参加西征

（31—32 岁）

1936 年 2 月，朱瑞随同一军团东征。5 月，红军东征凯旋归来后，红一军团和红十五军团编为西征军，由彭德怀统一指挥，分左右两路西进，一面扩大抗日根据地，同时迎接二、四方面军出草地。6 月上旬，红一军团进驻固原、海原和同心城一带。为了顺利打开西征的通道，同时团结广大东北军官兵参加到抗日的行列中来，朱瑞遵照周恩来和彭德怀的指示，同邓小平一起，带领四师到七营川地区向东北军进行统战工作。

东北军广大官兵由于家乡沦陷，妻离子散，备受日本帝国主义的铁蹄蹂躏，因而抗日情绪相当强烈。自从被蒋介石驱赶到西北与红军作战，遭到了接二连三的打击，这使他们深刻认识到，跟着蒋介石亦步亦趋，不但国恨家仇报不了，而且自己还有被消灭的危险。因此，在东北军中反蒋的情绪也很强烈。正是在这个时候，红四师奉命来到七营川地区向何柱国的骑兵军开展统战工作，因而在东北军内部，引起了强烈的反响。然而，争取东北军工作的重大意义，初时并没有为广大的基层干部和战士所了

△ 1936年，杨得志（前排右起）、萧华（后排右二）、朱瑞（后排右三）在陕北。

解。多少年来，我们同国民党军队之间，一直处于刀光剑影之中，使许多人自觉不自觉地认为，凡是国民党军队，必然是我们的冤家对头，怎能去同他们讲团结、讲统一战线呢? 为了提高广大干部战士的认识，朱瑞做了大量的工作。他亲自起草宣传动员提纲；召开干部会议，介绍东北军的情况以及中央关于争取东北军共同抗日的重大意义；还在部队中开展争取东北军参加抗日的政策教育，发动全军上下，人人都来做东北军的统战工作。

为了提高东北军广大官兵的觉悟，引导他们走上抗日的道路，朱瑞还多次到东北军驻地作报告，宣传党的抗日主张和统战政策。萧锋在日记中记载了这样一件事：6月27日晚，他陪朱瑞主任和刘源部长到东北军阵地前，向东北军士兵讲解我党统一战线政策和抗战主张。朱瑞说："东北军弟兄们，这里没有日本鬼子，日本鬼子在哪里? 在东北，在你们老家。你们要打回东北去，千万不要为蒋介石卖命……"萧锋回忆说，朱瑞的演讲深深打动了东北军官兵的心，听着听着，许多人情不自禁地喊出"坚决不打红军! ""打回东北老家去! "的口号。在党的抗日民族统一战线政策的感召下，东北军官兵的民族意识日益提高，进一步认清了蒋介石把他们调到西北来同红军作战的险恶用心，于是，纷纷与红军疏通关系。遇到上头强行要他们向红军进攻时，他们就事先派人给红军送信，让红军事先做好准备，双方交锋时，朝天上放枪，以此来敷衍、搪塞他们的上司。这样，两军对峙的前线，就不再以兵戎相见，而是笑脸相迎，彼此往来拜访，做客谈心，有时，双方还在一起开联欢会。

与此同时，朱瑞还积极做东北军上层的统战工作，到他们驻地与之联络感情，解除他们对红军的疑虑。九·一八五周年这一天，他带领军团政治部联络部长刘源和三团政委萧锋，前往东北军驻地与骑兵第六师师长白凤祥的代表汪庸、刘继尧谈判，签订了中国工农红军与东北军骑兵第六师的停战协定。协定指出："停战抗日为一切不愿当亡国奴的中国人的丝毫不可躲避与推迟的天职，尤其是东北军与红军的天职。因此，骑兵六师与红军不管过去及现在主张有何不同，不管过去及现在尚有何隔阂，但为了抗日救国，均有绝对理由，结成亲密的联合，并从今日起，即一致确定这一联合。"协定还规定了以下具体内容："一、不受命进攻红军，不打枪；二、万一须敷衍命令的，不作杀伤性的射击，不前进；三、事先向红军通知行动及骑兵六师的位置，以免误会；四、在可能需要时，经过互相协议，可作友谊的让步，但以不违抗日利益为原则。"

彭德怀在《自述》中写道：8月初，一军团进驻固原、海原及同心城之间，东北军何柱国率一个师和军直属队驻固原城，一个师驻海原，一个师驻同心城及固原线。我军插驻其间，使其隔离。"我写信给何柱国军长，说明抗日救国大道理，要他让出海原、同心城……在他的军队移动时，我军给予方便及决不进攻的保证。何开始不相信，以后相信了，我军派朱瑞和他进行谈判，彼此遵守协议，他实行了"。

在周恩来的直接领导和具体主持下，1936年4月，我党与东北军领导人张学良已秘密达成了抗日停战协定，随后红军各部队也分别与驻地附近的东北军签订停战协定，这就从根本上粉碎了蒋介石利用东北军打内战、企图借红军之手削弱、消灭东北军的阴谋，推动他们逐步走上抗日救国道路，为后来的西安事变和国内停战抗日局面的出现奠定了基础。

朱瑞后来回顾说："西征工作时代，在邓小

▽ 红二方面军部分领导人合影，中排左二为朱瑞。

平同志参加及协助之下，这是我在一军团工作改进和发展时代，也是我此后一个时期进步的基础。"

1936 年 12 月，红二方面军总指挥贺龙向党中央提出要求，希望从中央红军派得力干部到二方面军加强部队建设和政治工作。党中央同意贺龙的要求，任命朱瑞为二方面军政治部主任。朱瑞在二方面军工作了半年，对部队的政治思想工作、基层党支部的建设以及促进内部团结等方面，作了大量工作，得到了贺龙、关向应等领导人的好评。据当时二方面军政治部的金如柏说："他一来就抓思想整顿，抓基层支部的建设工作，强调三大纪律八项注意，号召大家发扬红军的光荣传统。他工作魄力大，雷厉风行，抓得很紧……经他这么一抓，部队大有起色，思想稳定，情绪高涨。大家对这件事反映很好，觉得他有办法，有能力，在群众中的威信很高。"

华北统战育英才

(1937—1938)

→ 宣传抗日

★★★★★

（32岁）

1937年7月卢沟桥事变后，朱瑞遵照党中央的指示，离开红军，就任中共北方局军委书记。他于7月上旬到达太原，同中央代表刘少奇、北方局书记杨尚昆以及彭真、李大章等商量后，决定去邢台、邯郸一带，发动群众，开展游击战争。此行因路途受阻，被迫停留在保定。这时，日军已占领北平，国民党军队纷纷南逃，许多高级将领都聚集在保定。朱瑞拿着毛泽东主席的名片，去拜访刘肖南、高树勋、孙殿英等，代表中国共产党同他们举行会谈，向他们解释我党的抗日民族统一战线政策，鼓励他们尽量招收流亡学生和进步青年，坚持抗战。这期间，他还向保定地下党的负责同志作了抗日战争形势的报告，帮助他们拟定了在白洋淀、任丘地区发动武装暴动、开展游击战争的计划。8月上旬，朱瑞回到太原，接到了毛泽东从延安给他发来的电报："北方局的军事工作很重要，你要仔细地去布置。"他按照毛泽东的指示和自己一路上的所见所闻，迅速草拟了一份军事计划草案提交北方局讨论。

9月初，朱瑞受周恩来的派遣，赴国民党第一战区长官部政训处工作。由于国民党执行片面抗战路线，并不想真心实意发动群众抗战，军队的政工人员多由特务充任，又十分腐败，因此，

▽ 日本侵略者在这里制造卢沟桥事变，图为正在通过卢沟桥的骆驼队（摄于20世纪初）

所谓政治工作，不过是徒有虚名。朱瑞目睹这种情况，决心离开政训处。10月，程潜的部队撤退到新乡，朱瑞便应张轸之邀，脱离政训处，就任豫北师管区游击训练班教官。

张轸颇有才干，但因历史上参加过反蒋战争，蒋介石不敢让他带兵，只给了一个有名无实的师管区主任空衔。他想利用抗战时机发展个人实力，程潜也极力从旁支持，就在新乡办起了训练班。在张轸看来，请朱瑞给他办班，可以借助共产党和八路军的威望，招来青年，罗织人才。朱瑞则想利用张轸的"帽子"，训练班的讲坛，宣传党的抗日主张，培养抗日干部。所以当张轸派人前去聘请他时，他明确表示：请我讲课可以，薪金分文不要，但"我是从八路军来的，只能讲八路那一套"。张轸表示同意。朱瑞在训练班主要担任"军队中的政治工作"和"游击战术"课程的讲授。"他所讲的课程内容，既有很强的理论性，又有丰富的实际知识，加之他言传和身教一致，所以更加生动感人，大部分学员纷纷向他靠拢，使那些国民党教官显得相形见绌"。他还极力向学员灌输党的抗日主张和统战政策，阐述毛泽东关于持久战、游击战的战略思想，揭露国民党在华北战场的失败和溃退情况，启发学员的民族意识和政治觉悟。当时，新乡集中了许多来自河南各地以及河北、山西一带的进步青年。他们都是慕名抗战而到前线效命的爱国学生，其中有些还是民先队员，经朱瑞介绍，先后都进入了张轸的训练班。这些刚出校门的青年学生，爱国热情高，思想单纯，听了朱瑞的讲课后，"就像突然长大了似的，懂得了许多道理"。彼此私下交谈时常说："在我们刚迈出学校门槛走向社会的时候，就遇上这么个好老师，真是太幸运了。"经过朱瑞的教育，在第一期毕业的二三百名学员中，"除了八九个最顽固的外，其他的一律加入民先"，有些人还参加了中国共产党。这些学员在国民党部队向黄河以南撤退时，都按照朱瑞的指示，留在豫北地区，坚持敌后抗日斗争。

→ 团结统战

朱瑞离开程潜的政训处后，曾派王志强给周恩来送去一个报告，汇报他退出政训处的原因以及到张轸训练班的工作情况。周恩来在给他的回信中指出："你退出程潜部队是对的"，并充分肯定了他在训练班的工作。为了帮助朱瑞进一步打开工作局面，周恩来还特地为他配备了一部电台和有关的工作人员。

不久，朱瑞被程潜委任为第十八集团军第一战区长官司令部联络处长。他利用这个合法身份，主动同一些国民党将领联络，商谈抗日大计，劝说他们就地坚持敌后游击战争；邀集社会人士举行座谈；向流亡在新乡的青年学生发表演说等等。他指出："现在正是我中华民族面临亡国灭种的关头。国家

△ 焦作工学院义勇军月山行军之影

兴亡，匹夫有责。我们每一个炎黄子孙，都应赴汤蹈火，奋起自卫。我们共产党、八路军，誓与华北人民共存亡……"他号召有志青年，奔赴抗日前线，或到敌人的后方去，宣传群众，组织群众，开展敌后斗争。朱瑞的这些活动，引起了国民党反动派的仇视，不断对他进行造谣、诬蔑和恐吓。对于这一切，他都义正词严地予以揭露。十一月间，新乡举行了一次万人集会，国民党军事委员会专门派出了以刘震寰为首的宣传队参加。会上，他们大肆贩卖"一党专政"、"焦土抗战"等谬论。朱瑞则针锋相对地讲了"政治民主化"、"游击战与运动战"以及"改善人民生活的必要性和可能性"等问题。他的演说事实充分，道理透彻，"好像舌战群儒的诸葛亮一样，把反动分子的谬论驳得体无完肤，赢得了群众雷动的掌声"。

朱瑞在新乡的三个多月，通过各种活动，宣传党的政策、主张，极大提高了共产党和八路军在当地群众中的威信，他本人也赢得了广大青年和社会进步人士的信赖。一些热心于抗日事业的绅士，听说他要创办抗日干部学校，慷慨解囊，集资相助。新乡地方出版社还把他在新乡的活动，以及他的《游击战术》讲授提纲收集在一起，汇编成册，取名叫《朱瑞与新乡》，出版发行。

这期间，朱瑞还通过内部关系，同直南、豫北两个特委取得联系，直接领导他们进行抗日斗争。

创办"华干"

国民党军队撤过黄河时，程潜和张轸都要朱瑞和他们一块走。朱瑞借口要处理善后工作，留在原地，继续以联络处长的名义，进行抗日活动。在当地社会人士的资助下，他以豫北管区训练班培训的学员为骨干，办起了华北军政干部学校。"华干"校址初时设在河南辉县，后来迁到山西晋城，晋城沦陷后又迁到阳城。他借用当时河北民军总司令的名义，招收晋东南、豫北、直南一带流亡学生的进步青年，对他们进行抗日的政治、军事教育和训练；结业后，按照统一战线的原则，把他们分配到八路军、牺盟会和国民党的一些部队工作。

朱瑞深知培养这些青年的重要性。为了

把他们引导上革命的道路，他倾注了大量心力。当年曾在华北军政干部学校学习过的李尔重追忆说："他对青年有着一种超常的热力，引导你向党靠拢，摆脱小资产阶级的皮，而不感到疼痛……他一到大家面前，男的女的都围过去，一边喊着朱先生，一边把他们的花生、核桃、糖也递过去了：'朱先生，你来了？你吃不？'实际上这些天真的青年们，谁也未把他当成那种'敬而远之'的先生，而是当成亲切的同志了……朱瑞同志来了，经常是小的拉着，大的围着。"

△ 开国上将朱良才，曾任华北军政干校副校长和副政委。

经过朱瑞的苦心经营和精心培育，华北军政干校先后培养了两千多名学员，成为我党在华北坚持敌后抗战的一支重要力量。一部分按照统一战线原则分配到国民党军队工作的学员，在国民党走向消极抗日、积极反共后，绝大多数人站在我党立场上，同国民党反动政策作了坚决斗争，重新回到敌后根据地坚持抗战。许多人为中华民族的解放事业献出了宝贵的生命，一部分成长为我党、政、军的重要领导干部。

朱瑞认为这个时期是他的"工作最有成绩的时代之一……在许多友军中建立了关系……主办了张轸之干训班，自己创立了"华干"，在这一工作中争取了、改造了、培养了数目甚大的青年干部，尤其扩大我党信仰，争取许多国民党影响下青年到我们方面来，这对于太行区及周围共区工

中共北方局旧址

作的开展，有着重大意义；找到、整理、发展了
几个地区的党，创造及发展了地方武装，打下了
我党我军在直南、豫北、晋南坚持游击战的基础。
在这些工作中也改造了自己的作风……锻炼了自
己独立工作、决定方向、克服困难的能力。有了
这一时期的工作考验，我才在实际工作上开始向
全面领导才能去发展"。

1938 年 8 月，朱瑞调任北方局组织部长。9
月，中央和北方局任命朱瑞为八路军驻国民党河
北省主席鹿钟麟处代表，负责处理八路军与河北
国民党省政府之间的关系，并指导地方党的工作。
出发前，彭德怀向他作了两条指示：一是坚持阵
地；二是准备让步。他本着这两句话的精神，同
国民党顽固派进行了错综复杂的斗争，终于做到
了"坚持阵地"，完成了党交给的任务。

山东抗日功勋著

（1939—1943）

→ 初战山东

（34—35 岁）

　　1937 年 10 月，日军侵入山东后，中共
山东省委领导了徂徕山和山东各地人民的抗
日武装起义，建立起十多支起义武装，开展
抗日游击战争。1938 年 6 月，中共苏鲁豫皖
边区省委（5 月由山东省委改称）根据毛泽
东、刘少奇关于山东的基本武装应组建成支
队，恢复和使用八路军番号的指示，陆续将
各地起义武装整编为八路军山东人民抗日游
击支队。12 月 27 日，经中共中央批准，在
沂水县王庄成立八路军山东纵队，张经武任
指挥，黎玉任政治委员，王彬任参谋长，江
华任政治部主任。所辖部队有：由沂水、莒
县地区之第二支队一部改编的第二支队；由
清河区的山东人民抗日救国军第五军改编的

第三支队;由鲁中区的原第四支队（后改称抗日联军独立第一师）编成的第四支队；由胶东区山东人民抗日救国军第三军和胶东抗日游击第三支队合编的第五支队；由泰（山）西区抗敌自卫团及汶上县游击武装合编的第六支队；原鲁东抗日游击指挥部所辖第七、第八支队；原第四支队一部编成的第十二支队；鲁南起义武装部队编成的人民抗日义勇军第一总队；由微山湖以西地区起义武装组建的人民抗日义勇军第二总队改编的挺进支队；由邳县游击武装编成的陇海南进支队；临郯独立团及纵队直属特务团、军政干部学校和工厂、医院等,共两万四千五百人。山东纵队的成立,标志着山东人民起义武装已由若干分散的游击队发展为在战略上统一指挥的游击兵团。

山东是连接华北、华中两大根据地的纽带,战略位置非常重要。1939年5月,为进一步加强山东敌后抗战力量,党中央和毛泽东决定建立八路军第一纵队,统一指挥一一五师、山东纵队和苏北境内的八路军各部队,任命徐向前为司令员,朱瑞为政治委员。正在晋东南八路军总部的朱瑞,接到命令后立即着手第一纵队的组建工作。他从八路军总部、中共北方局、一二九师、抗日军政大学一分校等单位挑选了一百多名干部,其中包括红军时期的著名战将王建安、罗舜初、谢有法等骨干力量。1939年5月5日,朱瑞率部挺进山东。6月7日,在馆陶与从冀南威县来的徐向前一行会合。不久至鲁西,会见了先期到达的陈光、罗荣桓等一一五师领导人,随后向沂蒙山区进发。

6月29日，到达山东分局和山东纵队指挥部驻地岱庄，与分局书记郭洪涛、山纵指挥张经武、政治委员黎玉等会合。8月9日，根据中央和北方局的指示，改组了中共中央山东分局，批准了山东分局7月31日关于建立山东军政委员会的报告，建立了山东军政委员会。中共中央北方局任命朱瑞、徐向前、郭洪涛、罗荣桓、陈光、黎玉为山东军政委员会委员，朱瑞任山东分局书记兼军政委员会书记，并指示：军政委员会为统一该地区党政军民工作的领导机关。10月，中共中央山东分局书记郭洪涛赴延安，中央和北方局决定由朱瑞任山东分局书记。

朱瑞根据中央对山东工作的指示，亲自抓发动群众和建立政权的工作，先后向冀鲁边、鲁西、胶东、清河等地区发出关于建立抗日民主政权的具体指示。截至1940年2月，在山东抗日根据地，经过民选建立的县级政权达到七十多个，区级政权四百多个，还建立了一个行政公署和八个专署。1940年7月26日至8月26日，在他亲自领导下召开了山东各界代表参加的联合大会。朱瑞在会上做了政治报告。大会选举产生了山东人民的最高权力机关——山东省临时参议会和全省行政机关——山东省战时工作推行委员会（简称战工会，以后改为山东省政府），同时成立了工、农、青、妇、文等各界救国总会等群众团体。朱瑞为山东抗日根据地的民主政治建设作出了很大贡献。从1939年至1943年，朱瑞一直是山东敌后抗战的主要负责人之一，对于山东抗日民主根据地的建设、发展，作出了重要的贡献。

当时在山东抗日根据地的主要抗日武装有八路军一一五师部队和八路军山东纵队。由于山东纵队是由山东抗日起义武装组建的一支新部队，干部新，基础弱。徐向前和朱瑞到山东后，重点抓了山东纵队的整军工作。徐向前着重于军事训练和作战，朱瑞主要抓政治建军。他领导山东纵队，健全了政治机关，建立了各项规章制度，加强了部队思想政治工作，主持调整了各军区、各支队的编制和干部。经过几期整军，山东纵队的军政素质明显提高，战斗力大大增强，在后来的抗日战争和解放战争中，山东纵队各部队大多成为人民解放军的主力部队。

朱瑞和徐向前到达山东不久，就遇上了日寇对山东发动的第一次大规模"扫荡"。敌人集中了两个师团的兵力，由华北敌酋植田亲自指挥，采用长驱直入、分进合击的战术，向我鲁中山区扑来，妄图一举围歼我山东分局和山东纵队首脑机关。朱瑞、徐向前和山东纵队的领导同志采取避免同敌人正面作战、发动群众广泛开展分散性游击战争的正确方针，指挥我军主力多次灵活避开敌人合击，运用内外线互相配合的战术，打击敌人的薄弱环节。经过一个多月的艰苦战斗，歼灭敌人一千多人，粉碎了日寇的大"扫荡"。

1940 年，日寇又在山东周围集结了两个师团的四个独立混成旅团的兵力，以及八万多伪军，

△ 1939年6月，徐向前和朱瑞率领一部分部队干部进入沂蒙抗日根据地，组建了八路军第一纵队。1940年徐向前奉命从沂蒙山区返回延安。此为徐向前。

以所谓军事、政治、经济等联合手段，不断向我根据地进行疯狂的"扫荡"。分局和军政委员会及时提出了扩大与巩固山区根据地，坚持平原游击战争，打通山东各区及山东与华中的联系，打破敌人"囚笼"政策的战略方针。在这一战略方针的指导下，我军运用灵活的战略战术，内线、外线结合，积极捕捉战机，不断打击和消灭敌人，先后粉碎了日寇二十多次"扫荡"，并利用敌人"扫荡"的间隙，积极开展攻势，扩大我占区，缩小敌占区，恢复和发展根据地。从1939年至1940年，共开辟、扩大了鲁南、鲁中、鲁西、冀鲁边、清河、胶东、滨海等十个抗日民主根据地。

→ 复杂斗争

（35-36岁）

　　1939年，山东抗日根据地面临严峻困境：一方面，日寇实行惨无人道的"三光"、"囚笼"政策，疯狂地"扫荡"、"分割"、"蚕食"抗日根据地；另一方面，国民党山东省政府主席沈鸿烈等消极抗日，积极反共，使抗日军民和抗日根据地处于日、伪、顽夹击的极端困难之中。国民党为巩固其在山东的统治地位，也在积极调整部署。早在1939年初，他们就建立了鲁苏战区，任命于学忠和沈鸿烈为正副总司令。5月，又调东北军五十一军和五十七军入鲁，抢占了我沂、鲁山区和莒（县）日（照）临（沂）费（县）等重要地方区。以沈鸿烈为首的国民党顽固派还不断制造反共摩擦，千方百计限制我党我军的发展。这样，在山东战场上就出现了敌我友三角斗争的复杂局面。

中共中央山东分局和山东军政委员会按照党中央关于发展进步势力，争取中间势力，反对顽固势力的斗争策略，联系山东的具体情况，确定了"对于（学忠）拥护，对沈（鸿烈）不理，打击沈之部属，斩除其手脚，孤立沈鸿烈"和"拥护于学忠，打击沈鸿烈，联合东北军，消灭顽固投降派"的政策。朱瑞贯彻党的抗日民族统一战线政策，热情欢迎、真诚团结来到山东根据地的大批党外民主人士和知识分子，充分发挥他们在巩固和发展山东抗日根据地斗争中的作用。对于在山东的国民党部队，山东分局根据中央指示，采取不同的对策，坚持打击顽固反共的山东省主席沈鸿烈等顽固派；团结争取鲁苏战区司令于学忠及其在山东的东北军。朱瑞亲自负责东北军的统战工作。他通过联席会议、互通情报、交换代表等方式，增强我军与东北军的联系；在反"扫荡"中给东北军在作战、交通等方面提供方便条件，必要时还予以主动配合。从而"对东北军的广大官兵产生了强烈影响，都知道共产党、八路军是真心实意抗日的，每当提起共产党、八路军的时候，都翘起大拇指"。在我党的团结争取下，于学忠和东北军的许多高级将领多次向我党表示，他们决不打八路军。在第一次反共高潮中，东北军不顾国民党顽固派的压力，始终保持中立。1940 年后，东北军的少数将领在国民党当局的胁迫和顽固派的挑唆下，一度参与了反共摩擦。分局和朱瑞继续把他们同顽固派区别对待，一方面劝其顾全大局，同时作适当让步，以示友谊；只有在迫不得已时，才给以还击，促其醒悟。因此，我方与东北军的关系，尽管也发生过曲折，但总的情况还是好的。这对我山东敌后根据地的巩固和发展是十分有利的。

对于以沈鸿烈为代表的山东顽固派，则予以坚决的打击。1939年7、8月间，当秦启荣在淄河流域向我进攻时，徐向前和朱瑞等遵照中央关于"我们的态度应是攻势防御的，在政治上占上风"的指示，由社会各界和于学忠发出呼吁，造成强大的政治攻势。同时，抓住顽固派向我进攻的"有利时机、有利口实"，作出了"打击及消灭秦部……以迎头打开山东统战局面"的决策，集中山东纵队一、四支队主力，组织了淄河战役，缴获秦部两千余枪支，使顽方受到了一次惩罚。

1940年后，山东顽固派为准备向日寇投降，反共气焰更加嚣张。他们打着所谓国民党的正统旗号，诬蔑我方破坏统一战线，攻击我党我军，借以煽动、挑拨地方封建势力和中间力量同我对立。在军事上，他们纠集各地土顽武装，向我发动全面进攻，甚至不惜勾结日寇，对我实行夹击，妄图消灭人民的抗日力量。

朱瑞首先从政治上同顽固派进行针锋相对的斗争。他一针见血地指出：孙中山首创的国民党及三民主义，早已被"中国资产阶级在1927年以后为着实现背叛革命的行为时完全把它当做一个阶级的私物而歪曲篡改了"。不论是"过去，今天，还是将来，中国资产阶级还会以自己各个时期中的不同目的来接待国民党及三民主义的招牌, 去实现旷古未闻的叛卖勾当, 如同汪精卫正掮着国民党与三民主义一样"。他以大量无可辩驳的事实, 论证中国共产党是"统一战线最忠实、最彻底的执行者和领导者", "没有共产党, 就没有抗日统一战线"。从而揭穿了顽固派的所谓"正统"招牌和对我党的攻击、诬蔑, 澄清了舆论是非。他还在各种报告和文章中对沈鸿烈、秦启荣之流反共反人民的倒行逆施作了淋漓尽致的揭露, 斥责他们"使抗日政策完全颠倒, 使中国武装枪口对内, 使民众解体……抗战在不幸的情况下遭到投降、分裂与倒退的厄运", 号召人们"在投降、分裂、倒退还未成为完全事实的今天, 给以迎头的打击"。

中共中央山东分局和军政委员会还从军事上做了严密部署, 组织各地区对顽固派连续发动武装反击。在徐向前、朱瑞和黎玉等的领导下, 清河、鲁中、滨海、胶东等地区, 从1月至3月, 仅山东纵队就歼灭顽军四千五百人。由河北逃窜到冀南、鲁西一带的石友三第三十九集团军与沈鸿烈部东西呼应, 成了山东反共、反八路军的两支主力军。徐向前和朱瑞及时建议, "应乘其初到鲁西南稍息未定立足未稳之际, 迅速……彻底予以歼灭"之。我鲁西、冀鲁豫、冀南三大主力部队先后在程子华、宋任穷、萧华等指挥下，从3月到8月，发动了三次反击战，歼灭石逆两万余人（包括逃亡在内），解放了十几座县城。鲁中地区，继春季攻势之后，朱瑞和黎玉又于7月拟定了"公然与省府进行局部摩擦"的作战计划，集结山东纵队一、二、四支队主力，在一一五师六八六团一个营的配合下，于8月10日发起反击，当天就收复了国民党山东省政府所在地——鲁村。鲁村

▷ 1941年，萧华（右一）、朱瑞（右二）和李子芳（右三）

战役使沈鸿烈受到沉重的打击，他在给重庆当局的报告中承认，他的部队已"损失过半"。

1941年春，为了策应华中的新四军，粉碎国民党发动的第二次反共高潮，山东军民在分局和朱瑞、罗荣桓、黎玉等领导下，发动了更加大规模的自卫反击战。这次自卫反击战以胶东为中心，集中山东纵队五旅、五支队及三旅一部，由许世友、林浩、吴克华等直接指挥，自3月15日起，发动了声势浩大的攻势，一举收复牙山，会师桃村；蔡晋康所部大部为我歼灭。我军乘胜南攻莱阳、海阳，对胶东投降派的头子赵保元的老巢——发城展开了围攻战。分局派黎玉到胶东坐镇。此役前后不到一个月，歼敌五千余人。4月15日，朱瑞在《对付胶东反投降的意见及指示》中，又及时指出"应迅速集中优势兵力乘投降派内部大动摇并纷乱之际，确实对赵保元之主力作周密计划以猛烈痛击来歼灭其全部或大部，以彻底开辟南海及掌握全胶东之历史任务"，并要他们在军事胜利的同时，实行"正确的政策与模范的纪律……团结广大群众与抗日进步的各阶层，共同促进和巩固军事胜利"。这次胶东反顽固派的反击战持续了五个月，使当地的顽固投降势力遭到了致命的打击。

在分局和军政委员会的统一部署下，我冀鲁边、清河、鲁中、滨海、湖西各区也都先后对顽固派展开了自卫反击战，并取得胜利。

⊙→ **巩固成果**

★★★★★

（34—36岁）

这个时期，朱瑞和徐向前等根据斗争形势的发展和需要，在党、军队、政权建设方面做了大量的工作。首先是迅速恢复了夏季"扫荡"中受到破坏的各级党的组织；随后又按照中央关于山东党"可以继续发展，但应求精不求多"的指示，代表分局提出了"一面发展，一面巩固"的方针，要求各地党组织通过各种抗日活动，及时把先进分子吸收到党的队伍中来，做到"发展一个，巩固一个"。

1940 年，分局还先后对区党委、地、县、区和基层党的组织进行了普遍的整顿，清除了混进党内的极少数阶级异己分子和投机分子，进一步纯洁了党的组织。在加强组织工作的过程中，朱瑞十分关心党员的思想教育和干部的理论学习。根据当时的抗日环境和大量新党员的实际情况，他要求在党内普遍进行马列主义教育、对敌斗争教育、党的历史教育、统战政策教育、党员气节教育，肃清"思想上的唯心论与机械观点；政治上把共产主义与三民主义混同和调和的倾向；工作的雇

▽ 1940年9月，八路军山东纵队第四、八支队团以上干部合影。

佣、虚荣……个人主义"等等。

从1939年至1940年，山东党的组织获得了空前的发展，先后成立了冀鲁边、鲁西、湖西、鲁南、鲁中、清河、胶东七个区党委，党的地、县、分区组织也在逐步健全中。党的基层组织遍布广大农村，就是敌人控制严密的济南、青岛等城市，党的地下组织也有发展。在当时的山东，哪里有日本帝国主义，哪里就有党领导的人民抗日斗争；中国共产党已成为山东人民坚持敌后抗战的坚强领导核心。

在军队建设方面，分局和朱瑞根据中央提出的"努力扩大，加强军政工作，使主力部队党军化、正规化"的要求，利用每年青纱帐和秋冬季节，对山东纵队进行了认真整训。当年八路军第一纵队和山东纵队组织部长谢友法回忆说：朱瑞"在建立地方武装，发展人民军队方面，取得很大成绩。每年从军事、政治、组织上搞两次整训。1940年后，山东纵队由原来的游击队逐步走向正规化，发展成为一支强大的人民武装，打了不少胜仗"。这年12月，毛泽东、王稼祥等在给山东分局的电报中指出："山东工作在同志们的艰苦创造中，已获得巨大成绩。没有八路军和没有足够数量的具有军队经验的干部的帮助条件下，地方党单独已经创造出较有战斗力走向正规化的军队，它成为坚持山东抗战的主力军。"

政权建设方面，朱瑞和徐向前到山东后，立即着手改造原有的民主政权；同时利用日寇"扫荡"、国民党政权崩溃的机会，委任我们的县、区政权，1939年夏季鲁中反"扫荡"中，分局一下子就建立了八个县的民主政权。在历次反顽斗争中，朱瑞、徐向前等分局领导人都对政权建设提出明确任务，要求"开辟新区工作自一县、一区直至一乡、一村，不管大小做起"。当时的清河区党委书记景晓村说："游击战争初期，我们党注意组织部队，忽略了政权工作。朱瑞他们来后，这个工作就抓紧了，利用日寇'扫荡'、国民党政权垮台的机会，委派我们的县长、区长；组织地方武装保卫政权。我们清河区的县政权，都是在这个时期搞起来的。"随着反"扫荡"、对顽反击战的胜利，抗日民主政权也不断发展，至1940年8月召开山东联合大会时，已建立了79个县政府、8个专署，民主选举了41个县参议会。这次联合大会选举产生了敌后第一个省参议会，成立了山东战时工作推动委员会（简称"战工会"，即山东省人民政府前身），作为省政权的最高执行机构。民主政权初步贯彻了"三三制"政策，组织人民发展生产，动员群众参军、参战，优抚军、烈属，实行合理负担，推行民主教育，得到了人民群众的广泛拥护。这对坚持敌后抗战起了重要作用。

从 1939 年至 1941 年上半年，是山东敌后民主根据地的大发展时期，根据地由原来的星星点点逐步扩大并联成了几个大的战略区，占全省总面积的百分之六十，人口占百分之五十；百分之八十的县建立了民主政权，拥有党员十五万，正规武装十多万。山东敌后根据地和晋察冀、晋冀鲁豫一样，成为华北抗战的重要战略基地。

→ 克服不利

★★★★★

（36 岁）

1941 年 11 月，敌伪军集结了五万多人马，由侵华日军总司令畑俊六直接指挥，分五路向我沂蒙山区合围而来。至 1942 年春节之前，正是日寇五万精兵对沂蒙山区实行"铁壁合围"，烧光、杀光、抢光"三光"政策两个月大"扫荡"末期。朱瑞、罗荣桓、陈光、萧华正率一一五师一个营主力精兵在沂蒙山区西部游动指挥全局，于炮火连天中狙击日寇。山东党政军领导机关和抗大正在返回沂蒙中心地带休整之际，在费东大青山遭遇日寇远道奔袭，虽然大部分突围而出，但伤亡千人，损失很大，还有几位省级领导牺牲、负伤，包括"战工会"秘书长陈明等不幸牺牲。国际友人、德国共产党领导骨干汉斯·希伯也在战斗中亲临一线，奋勇杀敌，把热血和生命贡献给了中国人民解放事业。朱瑞的夫人、省妇联副主任陈若克正在产期，在一个山洞受伤被俘。日寇得知她是重要干部，威胁、利诱，陈若克大骂日寇，坚贞不屈，母子均惨遭日寇杀害。此事对朱瑞刺激很深，他曾写过文章来纪念。在这次反"扫荡"中，由于敌人出动的兵力多，持续的时间长，又是多路进攻，反复"围剿"，因而使我方受到了较大损失，反"扫荡"结束后，朱瑞立即召集干部会议，总结经验教训，号召大家从挫折中吸取教训，从悲痛中振作精神，"一直斗争到最后胜利！"

朱瑞的夫人陈若克，原名陈玉兰，又名陈雪明。中共山东分局妇委委员，原籍广东省顺德县，出生于上海一报馆职员家庭。仅上过一年半小学，后因父亲病故，11岁到工厂做工，先后长达七年。16岁时便参加工人运动，1936年8月加入中国共产党。

1937年，陈若克在山西入华北军政干校学习。结业后留校工作，后任党支部委员。在校期间结识了校长朱瑞，翌年8月1日与之结为伴侣。婚后，她一直在太行山区工作，曾任晋冀豫区党校组织科副科长。

1939年5月，受党组织派遣，陈若克与朱瑞一起调山东工作，6月到达沂蒙山区。10月，任中共山东分局妇委委员、八路军山东纵队直属科科长。1940年7月26日至8月26日，陈若克参加了在沂南县青驼寺召开的山东省联合大会，被选为省临时参议会驻会议员。8月6日，出席大会的妇女代表选举成立了山东省妇女救国联合会，陈若克当选为执行委员和常务委员。14日，她代表妇救会在大会上作《山东妇女运动的新任务》的报告，全面地总结了1938年至1940年山东妇女工作的基本情况，提出了新时期普遍、深入地开展妇女工作，培养和选拔妇女干部，建立各级妇女组织，发动妇女参加抗战等项任务，对促进山东全省妇女工作的开展，起了重要的指导作用。

1941年11月4日，陈若克等人和鲁中军区独立团一个营在蒙阴县东北部的大崮山被日军千余人包围。同敌激战三天后，于7日夜自大崮山撤离，时陈若克临近分娩，行动困难，在大雾中被搜山的日军抓捕，押在沂水县城日本宪兵司令部。在狱中，她受尽酷刑，但仍坚贞不屈。26日，陈若克和她刚出生的婴儿一起被敌杀害于沂水城外。12月中旬，敌工部门和当地群众冒着生命危险，将陈若克母女的遗体运到沂南县东辛庄安葬。1953年迁至沂南县孟良崮烈士陵园。

陈若克牺牲后，我军开始大反攻前，她生前所在的部队准备给她开追悼会。大家都知道，朱瑞很重感情，战士牺牲，他都会心疼得落泪,何况这次悼念的是他的两位亲人!同志们为了减轻他的身心痛苦,都想把追悼会开得隆重一些。不料,朱瑞反对这样做,不让讲任何排场,甚至连这个追悼会都不让开。最后,部队实在要开,他又建议把追悼会开成一次对战士们进行抗日救国和反投降、反倒退、反分裂教育的宣传动员会议,说是"让她母子俩最后再为革命做一次工作"。

追悼会场布置得庄严肃穆。轮到朱瑞讲话时,他轻轻地走到会场前,对着陈若克的遗像,

△ 朱瑞与夫人陈若克

默悼了一会儿，然后转过身来，强忍住悲痛，没有掉一滴眼泪。他以爱人、孩子被残忍杀害作引子，很快讲到了民族仇、阶级恨，他列举了大量事实，控诉了日寇的残忍，揭露了国民党反动派"消极抗日，积极反共"的实质，阐述了共产党、八路军必须担负起救国历史重任的道理和决心……朱瑞最后说："同志们，面对惨遭日寇铁蹄践踏的大好河山，面对挣扎于水深火热中的父老兄弟，我们中华民族的热血子孙，应当怎么办呢？"听到这里，大家从悲痛中清醒了过来，他们仿佛听到了祖国的召唤、人民的嘱托，悲痛遂化为激愤，化为力量，一个个都拧起了眉头，捏紧了拳头。追悼会后，无论是训练、作战，还是执行其他任务，大家都觉得增加了巨大的勇气和力量。

　　1942年是山东敌后抗战最困难的一年，根据地缩小，武装减员，群众的积极性也受到挫折。正在这关键的时刻，刘少奇于3月受中央委托，在返回延安途中，由苏北来到山东检查工作。他首先肯定了山东工作的巨大成绩：使我党、我军在山东站稳了脚跟，为今后持久抗战创造了有利条件；同时也指出了领导工作中存在的严重问题，主要是未能完成中央1939年11月指示山东党"应争取我们力量在各方面的优势"的任务，群众没有充分发动，根据地和政权建设还不够巩固。为了指导山东的工作，他在山东住了四个多月，帮助分局开展工作，为干部作了《群众运动问题》、《中国革命的战略策略》、《论党内斗争》等报告，为山东党指明了斗争方向。

遵照刘少奇的指示，分局负责人彼此思想见面，开展批评和自我批评。朱瑞首先作了自我检查。他说：没有认真、切实、普遍地组织与发动广大群众，并改善他们的生活，这是造成根据地不够巩固的根本原因，这不仅是工作上的缺点，而且是个严重的群众观念问题，也是阶级观念薄弱的表现；在统一战线政策上，注意了尽量争取朋友，但对中间势力的动摇认识不够，因而过多地强调了联合，对于必要的斗争强调不够；在除奸工作中，虽然按照中央的指示，处理了"湖西事件"的冤案，但没有从这一事件中认真吸取教训，以致后来在某些部队和地区又出现了扩大化的现象。他还检查了自己的工作作风和领导方法，并对分局工作中的问题承担了责任。其他同志也都各自作了自我批评，开诚布公交换了意见。在这个基础上，朱瑞代表分局作了《抗战四年来山东我党工作总结与今后任务》的报告，号召全党从思想上、政治上、组织上动员起来，争取优势，争取最后胜利！

5月中旬，分局通过了《关于减压租减息、改善雇工待遇，开展群众运动的决定》，抽调三百多名干部组成工作团，由朱瑞亲自带领，分赴临沂、日照两县九个中心区三十个村进行减租减息和增资试点工作。当时,滨海地区正闹春荒,许多贫苦农民忍饥挨饿,生活非常困难。工作团急群众所急,发动群众从借粮入手,从而解决了群众生产自救的燃眉之急,也使群众经受了初步的斗争锻炼。试点中,朱瑞深入群众,了解情况,及时克服了部分干部急躁冒进、不从实际出发、包办代替的错误倾向,保证了试点工作的健康发展。6月下旬,朱瑞作了《滨海区农民一个月减租减息增资运动的检讨》,为在全区和全山东开展"双减"运动作出了示范。接着,就在全山东开展了轰轰烈烈的减租减息运动。广大农民从运动中切身感受到了共产党和抗日政府的好处,因而更加拥护党和民主政权,抗日积极性空前高涨。在群众的经济要求基本得到满足以后,分局又及时引导他们提出政治要求,建立抗日武装,整顿、扩大各种群众性的救国会组织,发动群众参军参战,不断把斗争引向深入,为扭转敌后斗争形势打下了坚实的群众基础。

山东分局还根据中央的指示,组织干部联系"三风"的具体表现,开展整风学习,进行工作总结。为了取得经验,在分局、一一五师和省"战工会"的主要领导干部中建立学习中心组;分局还成立了学习委员会,作为引导、检查、督促中心组学习的领导机构,朱瑞亲自兼任学习委员会主任。分局和朱瑞还要求各级党组织结合整风学习,转变工作作风。他自己经常深入基层区、乡,检查工作,调查研究。《大众日报》曾对他这种深入实际的工作精神作了专门报道。这期间，他通过蹲点调查，先后作了《群众工作领导问题》、《滨海区群众工作总结》等报告，有力指导了减租减息和各项群众运动的开展。

分局还认真检查了执行中央精兵简政方针的情况。分局机关在朱瑞的直接领导下，由原来的一百八十多人精简到四十多人，为下属单位作出了表率。1942年全山东共精简了三万多人，脱产人员只占根据地总人口的百分之二点四，低于中央提出的百分之三的要求。1943年党政军民机关共节约了三千多万元，比1942年少征购公粮五千多万斤。通过精兵简政，甩掉了庞大的机关包袱，减轻了群众的负担，进一步调动了群众的抗日积极性。

在根据地建设方面，分局进一步落实了"三三制"政策，通过合理负担，调整了各阶级、阶层之间的关系。同时组织农民发展生产，动员党政机关自力更生，厉行节约，打破敌人的经济封锁。

为了战胜困难，朱瑞十分重视党的政治思想工作，特别是形势、政策的教育，使干部、群众不被一时一地的困难所吓倒，随时心明眼亮，精神振奋。一些老同志在回忆中风趣地说："那时处在敌后斗争环境，物质条件非常困难，但在精神上是很愉快的。朱瑞经常给我们讲形势，做报告，他每作一次形势报告，都给我们极大鼓舞，甚至激动半年。"

"1942年是摩擦较小的一年，过去反我之最厉害之地方友军，已逐渐改变态度"。这是"由于我党我军疏通工作的推动"。就是对那些顽固派，只要他们还抗日，我们就积极支持他们的抗日行动，必要时还给予主动配合。我军与部分东北军的关系，由于顽固派的挑唆，曾一度比较紧张，这时也已好转。8月3日，驻甲子山的东北军一一一师在师长常恩多与苏鲁战区驻该师代表、战区政务处长郭维城（常、郭二人皆中共地下党员）的领导下，宣布起义。事前，朱瑞对该师的领导人和地下党组织曾做了大量工作；起义的第二天，他就立即赶到驻地，同领导起义的郭维城等会晤，帮助他们解决了内部意见的分歧，并对部队的行动方针作了明确的指示：起义部队继续保持一一一师的番号，开往根据地整训。但该师旅长孙焕彩等反动军官率部叛变，重组一一一师，并乘我换防机会，抢占了甲子山区。12月17日，我军以一一一师名义，组织了三个旅的兵力，在朱瑞和罗荣桓的直接指挥下，向盘踞在甲子山的孙焕彩匪军发动了第三次反击，歼灭孙部两千多人，收复了甲子山区，使长期被分割的日照、莒县和泰（安）石（臼）公路以南地区的根据地连成一片。"八三"起义是在我敌后根据地最困难的情况下发生的，它不仅沉重打击了国民党的反共政策，而且对我控制甲子山区和进一步发展滨海根据地提供了十分有利的条件。

→ 扭转局势

★★★★★

（37-38 岁）

在对敌斗争方面，分局和朱瑞、罗荣桓根据中央"隐蔽发展，分散活动，积蓄力量"的指示，针对日寇的所谓"总力战"方针，适时改变了对敌斗争策略，提出了"政治攻势为主，游击战为辅"的战略指导方针，以分散的游击战争和全面的政治攻势，对付敌人的军事"扫荡"和全面蚕食，领导军民开展反"扫荡"、反蚕食、反伪化，运用挤、钻、打、赖等战术，坚持敌后游击战争；发动政治攻势，利用日伪间日益暴露的矛盾，大力加强伪军的分化瓦解工作；运用各种有效方式，促使伪军立功赎罪，弃暗投明。

1943 年 3 月，朱瑞在山东军政工作会议上作了《一九四二年敌我斗争形势与对敌斗争的任务》的报告，总结了过去一年对敌斗争的经验。报告要求"巩固扩大已有的工作成绩"，"打破地区性、部门性的限制，建立经济、文化、除奸部门的对敌斗争工作，把对敌斗争发展为全面的工作与群众性运动"。这个报告和罗荣桓的《分散性游击战争与对敌政治攻势问题》报告，成为指导山东军民在新形势下进行对敌斗争的重要武器。

1943 年 5 月，东北军经过 1942 年夏季和 1943 年春季日寇两次大"扫荡"，损失惨重，要求撤离山东。蒋介石对于学忠及其所指挥的东北军不积极反共早怀不满，从 1941 年起，就要李仙洲的九十二军准备进驻山东，所以很快就批准了于学忠的要求。分局和朱瑞、罗荣桓等"及时接受了过去经验教训，灵活地密切地掌握时机及斗争策略，尤其是动员各阶层，依靠群众，隐蔽自己，争取友军，首先是利用于李矛盾空隙，乘于出鲁，拒李深入，因而得以乘机掌握沂、鲁等山区，接着又打退了李仙洲，终于打开与改变了

△ 刘少奇、罗荣桓、朱瑞、黎玉、萧华雕像

山东多年来三角斗争中我党我军的劣势局面。经过这场斗争，长期被分割的沂蒙山区根据地终于连成一片，从而进一步加强了胶东、清河、鲁中、滨海主要战略区的联结。正如朱瑞自己所说的："这些发展与转变，已光辉地完成中央指示之任务，并更好地创造了今后山东的巩固、坚持及发展的有利基础。"

朱瑞主持山东工作的四年，正是华北敌后抗日民主根据地最艰难的四年，不但要对付敌人的"扫荡、蚕食、封锁、分割"，还要应付所谓友党友军的"不明大义，风波横向生，交相煎迫"。在敌我友矛盾错综复杂、斗争极其尖锐的环境中，朱瑞统筹全局，坚持敌后抗战，历尽了艰辛。当年的山东分局委员、山东纵队政委黎玉说："他在坚持抗日根据地，对敌斗争，党和军队建设方面，做了不少工作，是有成绩的；他特别善于统战工作，直接用电台同东北军联系，也很注意做敌、伪军内部的分化瓦解工作；对顽固派的斗争一般也是正确的。刘少奇同志指示后，他知道自己在群众工作方面错了，亲自到滨海区去发动群众，减租减息，表示改正错误。"原分局委员江华认为："评价山东工作，不但要看当时，还应当联系解放战争。山东在三年解放战争中的贡献是突出的……基础是抗日战争时期打下的，这个基础是同朱瑞在山东的四年工作分不开的。"

办校延安建炮兵

（1943－1945）

→ 研读理论

★★★★★
（38-39岁）

1943年9月，朱瑞奉命去延安参加党的"七大"，中共山东分局书记，由罗荣桓接任。

"七大"召开之前，先后到延安的各地代表，都集中到中央党校一部学习党史，进行整风。当时，党校建立了十一个学员支部，其中三、六两个属于高干支部，地方省委书记和部队旅以上干部编入这两个支部学习。朱瑞于1944年2月进入党校，和马文瑞、贺炳炎、韩先楚、郭鹏、陈先瑞、邓克明、韩东三、任志远等编在六支部。对于学习，朱瑞一向抓得很紧，不论是在烽火连天的苏区年代、披荆斩棘的长征路上，还是在戎马倥偬的敌后反"扫荡"岁月里，从没有放松过。他时常提醒自己："应当学习，应当时刻学习。在每一步斗争过程中，在自由和在监狱里，都要学习；只有学习，才能斗争。"这次能有机会让他脱离工作，到党校集中学习，他感到"机不可失"。一开学，他就给自己提出了"三个必须"的要求，即必须提高、必须苦练一番、必须重新开始。

这时，中央正组织干部结合学习，总结"六大"以来党的历史经验和教训，学习内容非常丰富。朱瑞由于工作上的原因，进党校的时间比别人晚了许多。为了在学习进度上与早来的同学取齐，他不得不花费更多的时间。每天夜里，他都事先准备好一盆凉水，深夜别人都熟睡了，他还在聚精会神地学习，困倦时，就把头放在凉水里泡一泡，待头脑清醒后，又继续看书、做笔记。除了学习中央规定的文献外，他还挤出许多时间，广泛阅读了马、恩、列、斯和毛泽东的有关著作。

朱瑞说："我不是主观主义地埋头书本学习，而是照顾到从书本到工作，从校内到校外，从领导到同志、到边区、到各地，到时事政策。"这种学习方法，"大大启示了我，增益了我的学习和进步……而且每一步都是经过思想上的斗争"。这说明，学习中他很注意理论联系实际，运用马克思主义的立场、观点、方法，来分析中国革命的实际问题，尤其是通过联系自己的工作实际，开展积极的思想斗争，从中找出经验教训，不断提高对主观主义、宗派主义、党八股的鉴别能力。

1944 年 7 月，朱瑞担任第六支部书记。由于 1943 年 7 月康生等掀起所谓"抢救失足者"运动，造成审干肃反扩大化，制造了许多冤、假、错案。朱瑞按照党中央的重证据，重调查研究，禁止逼供信的审干方针，先后主持了第六支部和党校二部一些支部的揪正肃反扩大化的甄别工作，平反冤、假、错案，得到党和同志们的好评。

→ 深入整风

★★★★★ （39—40岁）

1944 年冬，党校整风学习进入了联系实际、检查思想、检查工作、总结经验教训的阶段。

朱瑞认为："总结的目的不是为了眩人，而是为改造自己；不是为了说明，乃是实行。"在思想小结中，他联系自己的斗争经历，对照 22 个整风文件，从思想、政治、组织以及党性等方面，作了全面检查。他对自己的功劳、成绩，轻描淡写，而对缺点、错误，则是不厌其烦，反复检查，总感到自己"有负于党的重托"，"内心抱愧"得很。正如别的同志所说的："哪怕是很细小的问题"，他"也绝不轻易放过"。整风学习小组早在 5 月的鉴定中就已经指出：朱瑞"在中央苏区工作有成绩；

虽为教条主义提拔，而不在教条宗派之内"。但他认为，这只是说明了"没有什么"，没有说明"有什么"，即"为什么会被教条主义所提拔？"他自我解剖道："除了有莫斯科留学生的标号，有一定工作能力，做了许多工作之外……更重要的还在于我的思想方法是教条的，颇投他们的口味。"接着，他就从阶级出身、社会影响、斗争经历等方面，检查了自己产生主观、教条的原因。

在整风中，朱瑞既能严格自我解剖，又能虚心接受意见，哪怕是不正确的意见，也能本着"对己严，对人宽"的态度，正确对待。与朱瑞共过事的一位同志，当时也在党校学习，朱瑞总认为自己过去对他是"诚心诚意帮助的"，而这位同志则说朱瑞"一贯打击他"。这件事在学员中有一定影响，对朱瑞更是一个"震动"。许多知情的同志都认为那位同志对朱瑞的批评不公正，希望朱瑞能出来澄清是非。然而朱瑞并没有这样做，而是反躬自问："即使你是正确的，对方为什么竟会如此误会呢？""当你自己认为是正确的东西，但不能解决问题，那么，这样的东西究竟又有何用处呢？"

1944 年春，朱瑞在山东工作时的秘书毛鹏

云也到党校学习。朱瑞分配工作前，专门用了两天两夜的时间，与毛鹏云促膝谈心，主动向他介绍学习的心得体会、山东工作时期的问题，以及自己的缺点错误。他语重心长地对毛鹏云说："你们这些年轻人，过去都觉得我很了不起，甚至崇拜过我……有些地方本来是我的缺点，反被你们误认为是优点了，这就可能影响你们的进步。我希望你们能用今天整风的眼光，重新认识我，从中吸取教训，放下肩上的包袱，轻装前进。"

1945年春，朱瑞参加党的"七大"筹备工作，任山东代表团团长（开会前林彪列入山东代表团任团长，朱瑞改任副团长）。4 月 23 日，中国共产党第七次全国代表大会在延安召开。朱瑞出席了大会，并在会上作了关于山东敌后抗战的专题发言。

→ 主政炮校

★★★★★

1945 年 4 月，朱瑞领到了"七大"秘书处颁发的代表证，作为军队代表，参加了中国共产党第七次全国代表大会。4 月 23 日，朱瑞持这个代表证和数百名代表一起，排队走进了延安杨家岭那座布置得庄严隆重的中央大礼堂。他在第一排第十八号座位上就座，聆听了毛泽东《两个中国之命运》的开幕词。4 月 24 日，听取了毛泽东做的《论联合政府》的政治报告。以后，又听取了朱德做的《论解放区战场》的军事报告、刘少奇做的《关于修改党章的报告》和周恩来做的《论统一战线》的重要发言，还参加了热烈的分组讨论。6月11日，最后听取了毛泽东做的闭幕词。朱瑞为党的"放手发动群众，壮大人民力量，在我党的领导下，打败日本侵略者，解放全国人民，建立一个新民主主义的中国"的政治路线所激励，深感自己的责任重大。毛泽东曾经说过的"没有炮兵，便没有胜利"的话也时常在他的耳边响起。"七大"闭幕后，中央决定朱瑞担任副总参谋长，协

△ 这是"七大"秘书处发给朱瑞专用的会议代表证。

助叶剑英负责同美方和国民党的谈判工作。当得知此时中央要他担任副总参谋长的意图后，他主动去找毛泽东主席，表示自己过去在苏联学过炮兵，要求做炮兵方面的工作，发挥自己的特长，在炮兵建设方面做一些力所能及的工作，起一个桥梁作用；副总长一职，请中央、主席考虑更适合的人选。他还向毛泽东汇报了如何根据我军实际情况，建设人民炮兵的初步设想。毛主席对他这种主动考虑革命需要，以及在炮兵建设上高瞻远瞩的战略眼光十分赞赏，称赞他不计个人名利，有战略眼光，并鼓励他"放手做，做一个桥头堡"。

不久，他被任命为延安炮兵学校代理校长。当时炮校的物质条件很不好，连上课用的粉笔都时常供应不上，只好用白土。在党中央的直接关怀下，朱瑞和炮校政委邱创成等带领全校师生克服了重重困难，保证了教学、训练的正常进行。第一期学员一千多名于1945年9月毕业，成为后来我军炮兵的重要骨干。

朱瑞是当年党内军内少有的专业技术干部，又是一个有献身精神的模范政工人员。他的成长经历，有着始终追求先进思想并善于前瞻的特点。他自己回忆，少年时从《岳飞传》学到民族思想，从《七侠五义》学到同情心，从《水浒传》学到"应该捣乱的念头"。后来他上大学和留学时接受了革命思想，又认定了应该掌握先进的军事技术。在革命军队以步枪梭镖奋战时他便去学火炮，这恰恰是在军事领域追求先进思想的重要体现，并给后人留下了重要的启迪。要知道，人民军队从南昌起义起便有队属炮兵，但是真正形成规模还是在朱瑞担任专职领导之后。

△ 当时延安炮校的一张残缺的毕业证，签发人是校长朱瑞。

在极其艰苦的农村根据地，红军、八路军基本上靠简陋且缺弹的枪支与敌拼搏。毛泽东在抗战后期提出，"没有炮兵，便没有胜利"。在这种背景下，朱瑞考虑到战争发展的需要和自己的特长，选择了炮兵事业，并为之付出全部心血乃至生命。

请缨东北热血酬

(1945—1948)

→ 迁校东北

★★★★★

（40 岁）

1945 年 8 月 8 日，苏联政府对日宣战，随即出兵我国东北，对日本关东军发起全面进攻。八路军冀热辽军区遵照中共中央主席毛泽东和朱德总司令的命令，派出一部兵力就近进入东北，会同中共领导的东北抗日联军，配合苏军作战。

抗日战争胜利后，以蒋介石为首的国民党政府，在美国的援助下，向东北大举运兵，企图消灭中共领导的人民革命力量，独占东北。为打破国民党的企图，中共中央依据"向北发展，向南防御"的战略方针，决定从关内各解放区抽调一批部队和干部挺进东北，会同东北抗日联军一起，执行发展东北的战略任务。先后调进东北的部队有：八路军山

△ 东北军区炮兵司令员朱瑞

东军区直属队一部，第一、第二、第三、第六、第七师，第五师一部，鲁中、滨海、胶东、渤海等军区主力部队各一部，共六万余人；新四军第三师(辖第七、第八、第十旅，独立旅)三万余人；陕甘宁边区第三五九旅、警备第一旅、教导第二旅各一部以及延安抗日军政大学、延安炮兵学校等万余人；晋绥、冀中、冀鲁豫各一个团。以上连同先期进入的冀热辽部队一部共十一万余人。同时，延安及各解放区的党政军干部约两万人，也陆续进入东北。

1945年8月15日，日本投降后，延安炮校即奉命迁往东北。按原计划，是接收日军的装备，招兵买马，组建一支新式的人民炮兵。但是，当10月下旬炮校师生抵达沈阳时，情况已发生了变化。这时蒋介石在美帝国主义的支持下，调兵遣将，大举向东北进攻，我军即将撤离沈阳，炮校无法招生、开学。更出人意料的是，日本关东军留下的火炮，已被运走或丢失。延安出发前，盛传日本关东军投降后的所有装备都留在东北，号称"大炮六千，车辆骡马无数，弹药器材堆积成山"，师生听了都恨不能肋生两翅，飞往东北。

但到东北后，朱瑞发现形势远非如此，于是立即召集领导干部会议，告诉大家，由于情况的变化，原来的计划已经无法实现了。但是，中央关于"抓紧时机，获取敌人武器装备自己"的指示还要坚决贯彻执行；特别是在国民党反动派大兵压境的情况下，我们更不能坐守等待，无所作为。他还说，日本关东军遗弃的武器装备，绝大部分还散落在各地，只要我们想办法把它收集起来，前途还是满光明的，问题在于我们要下决心去克服各种困难。经他这一指点，会场顿时活跃起来，与会同志纷纷出主意想办法，最后由朱瑞将大家的意见归纳为"分散部队，收集武器，发展部队，建立家业"四句话，并把它作为炮校当时工作的指导方针。

在炮校党委和朱瑞的组织领导下，师生们分别组成小分队，奔赴东北各地收集武器。朱瑞先后两次亲自带车向苏联远东方面军交涉，索回了他们从东北拉走的部分火炮和弹药。他还通过当年莫斯科克拉辛炮校的同学、校友关系，从苏联一些部队弄回了十几门大炮。在炮校广大师生的共同努力下，至1946年5月，共收集各种火炮七百多门，炮弹五十万发，坦克十二辆，汽车二十三辆，以及一大批器材、零件，从而为东北人民炮兵奠定了初步的物质基础。依靠这些装备，东北我军迅速组建了六个乙种团、四个丙种团、六个炮兵营、二十个独立炮兵连，共计八十多个炮兵连；还组建了我军的第一个高炮大队、两个坦克队和一个修械所。

历史已经证明，朱瑞审时度势所提出的方针和采取的措施是正确的，正如他在给中央军委的报告中所说的："历史时机，稍纵即逝（指国民党军队大举深入后就不能收集——引者），在那种形势下，如果强调集中等待，便会大大害着我们自己，坏了大事。"

1946年6月下旬，国民党发动全面内战。东北民主联军根据中共中央对东北的斗争方针和中共中央东北局《关于东北目前形势与任务的决议》（"七七决议"）精神，决定利用国民革命军战线延长、兵力分散、暂难继续大举进攻的时机，进一步集中力量清剿残余伪军和土匪，发动群众，进行土地改革，建立巩固的根据地。同时，加紧部队的整顿和建设。8月至10月间，先后以山东第一、第二师及原滨海支队为基础扩编为第七纵队，组成东北民主联军第一纵队；以华中第三师(欠第七旅)组成第二纵队；以山东第七师及华中第三师第七旅组成第六纵队。以上连同前已编成的第三、第四纵队，陕甘宁第三五九旅和南满独立第一、第二、第三师，全区共有野战军五个纵队、一个旅、三个独立师，约十二万余人。为加强以炮兵为重点的特种兵建设，至1947年3月，建立了九个炮兵团，二十七个营，一百二十个连，一个战车大队，一个高射炮大队，并以东北炮兵学校为基础成立炮兵司令部和政治部，以剿匪、"土改"中发展起来的骑兵部队组成十个骑兵团和一个骑兵支队；成立了护路军司令部，将原分散各地护路部队三千四百余人，统一整编为七个团，以维护和保证铁路交通的顺畅。此外，还分别成立了东北军政大学、东北医科大学和炮兵、工兵、测绘、通信、军需、汽车、航空、外国语等各种专业学校，有计划地训练各种人才，以供部队发展和作战的需要。

在此之前，即1946年5月，炮校已由通化迁往牡丹江。朱瑞估计到随着武器的收集，我军炮兵将会有一个大的发展。他根据东北局"发动群众，建设壮大部队"的总方针，在组织炮校师生收集武器的同时，及时提出了"变学校为部队，拿部队当学校"的建议，将学校五百多名干部散到东满、西满、南满、北满以及一纵和总部炮兵旅等单位，以开办学校的精神，对部队进行训练，培养了一批炮兵骨干，从而为炮兵的发展准备了干部条件。夏季以后，炮兵需要的骨干越来越多。为了适应这一新的形势，朱瑞请示东北军区后，将延安炮兵学校改名为东北军区炮兵学校（1949年为纪念朱瑞改名为朱瑞炮校），于1946年6月开学，并亲自为学校规定了"学与用结合"的教学方针。第一期招收学员280名，编成一个重炮队、两个野炮队、两个山炮队。炮校限于设备，当时还无法培训高射炮、迫击炮和坦克的干部，他就分别责成有关部队进行培训。1948年辽沈战役前夕，东北军区炮校共培养了两千多名干部，不但满足了东北炮兵的发展需要，还为各兄弟军区输送了几百名炮兵干部。

→ 创建炮兵

（41 岁）

1946 年 7 月，东北军区根据朱瑞的建议，及时成立了炮兵调整处，并任命朱瑞为处长，负责全军炮兵的建设和调整工作。朱瑞随之代表军区颁发了炮字第一号命令。这项命令从我军炮兵初具规模，同敌人相比仍处弱势这一实际出发，提出了炮兵建设应贯彻"广泛普遍的发展和适当集中使用"的方针。据此，除立即着手建立军区预备炮兵外，要求各军区、纵队、师尽快成立炮兵团，在旅、团尽可能建立炮兵连。10 月，军区颁发了第二号命令，决定撤销炮兵调整处，成立炮兵领导机构，任命朱瑞为司令员，邱创成为炮兵政治委员兼炮校政委，贾陶为副司令员兼炮校副校长，匡裕民为副司令员兼参谋长。随后又正式成立了炮兵司令部、政治部、后勤部，并相继在各军区、纵队、师一级单位设立炮兵主任，军分区和炮兵旅设立炮兵参谋，专司炮兵的作战、训练、组织、装备等工作，使我军炮兵从上到下逐步形成了一个完整的指挥系统。1947年后，军区又先后颁布了第三、第四号命令，对部队扩建、训练、作战等一系列问题，作出了明确的规定。

在发展炮兵过程中，朱瑞从战局的形势发展和需要以及"适当集中"的原则出发，着重抓了军区预备炮兵的重点装备工作。他将现有的火炮、器材重点装备炮司直属的四个预备炮兵团，使有限的炮兵火力集中使用，最大限度地提高我军的攻坚作战能力。由于实施重点装备的计

▽ 朱瑞与下属合影

划需要相当一笔经费，仅靠炮兵自身的物力、财力是无法解决的，于是他就把自己的决心和计划在东北局的会议上提出，并保证经费问题解决后在三个月内装备、训练出四个炮兵团开赴前方打仗。东北局的领导同志听了他的汇报后都大力支持，表示"要钱给钱，要物给物"。朱瑞也当场向东北局领导立下了"军令状"。会后，主管财经工作的陈云，在财政十分困难的情况下，专门给炮兵拨了六千多万东北币，作为实施重点装备的经费。

这以后，朱瑞一边抓装备，一边抓部队训练，工作十分认真。在制定装备方案时，他接连几天几夜同负责这项工作的郭道同等一起，拟定了几个方案，进行比较，甚至一个炮口帽需要几寸皮、几寸帆布，都作了精密的计算，从中选择出既省钱，又适用的最佳方案。当时训队驻地分散，各团之间相距数百里。为了搞好部队的训练，朱瑞经常深入到各团巡回检查、指导、督促部队的训练工作。在巡回检查中，他发现有不符合要求的地方，有时就亲自示范，亲自纠正。许多炮手，为了掌握夜间瞄准的本领，深更半夜还约同战友偷着到火炮旁练习操作。这年的中秋节，朱瑞又在基层检查工作。这一天，恰好是他和潘彩琴结婚四周年纪念日。他们俩于1942年9月结婚，由于斗争的需要，半年后即分开，直到不久前，潘彩琴才从华东到东北来。朱瑞为了工作，又没有顾得上回家和爱人、孩子团聚。他在当天给潘彩琴的信中解释了不能回去的理由之后写道："为了人民的事业，就是这样有意义地过吧! 因为——万万千千的人民不能团圆，万万千千的人民正在水深火热中，万万千千的战士正在前线啊！以我们的分别来纪念他们的苦难及奋斗！"朱瑞这种公而忘私、一心为了炮兵建设的精神，对指战员鼓舞很大。在他的领导与部署下，广大指战员经过三个月的艰苦训练，取得了显著成绩，受到了东北军区领导的好评。

→ 转战黑土

★★★★★

（42—43岁）

1947年1月至4月，东北我军为了粉碎敌人先南后北的阴谋，改变东北战场的局面，先后发动了三下江（松花江）南、四保临江的战役。这次战役中，炮兵先后派出了七十多个连队参战。战役结束后，东北炮兵在双城召开了首次炮兵会议，对一年来的炮兵建设和作战进行总结。朱瑞在会上根据我军的历史环境、作战特点，结合广大指战员的实践和自己的体会，从理论和实践相结合的高度，提出了一系列适合我军当时情况战术原则，主要是"集中使用火力，快、准、猛，攻坚作战，步炮协同以及直接瞄准、抵近射击"。

朱瑞之所以在短短的时间内总结出这些适合于我军作战的战术原则，首先在于他有

△ 朱瑞

丰富的实践经验。他很注意深入实际，调查研究。为了获得第一手资料，三下江南时，他冒着零下三四十度的严寒，亲临前线指挥战斗，有时甚至还深入到前沿指挥所和阵地上了解情况，观察敌情。其次，他善于吸收群众的经验和智慧，就是在他分管后勤工作的时间里，他也总是利用战役间隙，把前线指挥员找去，听取历次战斗汇报，并多次找一些路过哈尔滨的营连干部谈话，开座谈会，了解前方作战情况和问题。另一方面，朱瑞具有很高的理论水平。早在莫斯科炮校的时候，他就是出名的高才生，一到东北，他就尽可能广

泛地收集有关炮兵的书籍,每次出发打仗,他宁可少带生活用品,但马列著作和炮兵专业书籍总是不离身。正如伍修权所说的:"他有无限学习新事物的进取心,他有埋头苦干钻一行的精神。"

由于朱瑞有丰富的实践,善于集中群众的智慧,又博采了前人、外人的经验,所以他才能从我军所处的历史条件,作战任务、特点,以及敌、我、友几方面的具体情况出发,清醒地指出:"我们炮兵战术不能全学苏联,又不能全学国民党,也不能照搬日本",而必须从"我们人民的炮兵、劣势炮兵,自然乃是中国炮兵"这一实际出发,"创造中国的、劣势的、人民的炮兵自己一套既适合于消灭敌人保存自己的炮兵战术,又不违背作为炮兵兵种古今中外作战的一般法则"的战术原则。

这些战术原则的提出,大大提高了炮兵的作战能力。1947年夏季攻势中,东北我军在炮兵的强有力配合下,横扫拉(法)吉(林),攻占梅河口,进取昌图,包围四平,先后歼敌八万余人,收复县城四十二座,从根本上改变了东北战场的形势。

1948年4月,东北炮兵经过1947年夏、秋、冬三大攻势后,又在哈尔滨召开了第二次炮兵会议。朱瑞在会上做了《一年来炮兵建设与作战的总结报告》。这个报告根据我炮兵一年来新的发展和实践经验,进一步丰富了炮兵战术原则。这些战术原则,对于我军的炮兵建设具有重大意义。其中如"快、准、猛",步炮协同,集中使用火力等战术原则,直到今天,仍然是我军炮兵火力运用的基本原则。

1947 年至 1948 年，随着战争的发展，炮兵所承担的任务越来越重，前方的需求与后方的供应矛盾日益突出。有时，在战斗的关键时刻，由于后方的弹药供不上，本来稳操胜券的战斗，不得不中途被迫撤出。朱瑞看到这一情况后，深深感到只有加强后方建设，"才能对前方有所补益"，否则，"前方就会成为无米之炊"。于是他就留在后方，亲自着手解决后勤物资供应问题。他还提出了"团结一条心，主动办事情"的口号，号召大家动脑筋、想办法，群策群力，做好后勤工作。在朱瑞的直接领导和广大群众的努力下，这一年的后勤工作取得了很大成绩，先后组建了迫击炮团、战车团、高炮团、炮五团和新兵团。1948 年 8 月，东北炮兵已发展到十六个团，共有山炮、重迫击炮等各种火炮四千七百余门。

→ 义县牺牲

　　东北地区是中国重工业最发达的地区和最大的产粮区，也是侵华日军最早侵占的地区。1945 年日本战败投降后，东北即成为国共两党两军争夺的焦点。1946 年 6 月，国民党军向共产党的中原解放区发起进攻，国共大规模内战全面爆发。战争进入第三年，即 1948 年 7 月初，国共双方兵力的对比，已由战争爆发时的 3.14 比 1，变为 1.3 比 1。1948 年 8 月，解放战争的第三年，人民解放军东北野战军已控制了东北 97% 的土地和 86% 的人口。国民党军有四个兵团十四个军四十四个师（旅），加上地方保安团队共约五十五万人，但被分割压缩在沈阳、长春、锦州三个互不相连的地区内。由于部分北宁铁路为人民解放军所控制，长春、沈阳通向山海关内的陆上交通已被切断，补给全靠空运，物资供应匮乏。当时东北是全国唯一一个人民解放军军力超过国民党军的地区，因此中国共产党中央军委把决战的第一个战场选在东北。同年9月，中共中央在西柏坡召开政治局扩大会议，决定抓住有利时机，与国民党进行战略决战，决战方向首先指向形势于己有利的东北。

正是在这一大背景下，1948年7月，朱瑞参加讨论关于发动辽沈战役的计划和准备工作。会上，军区负责人决定留他在哈尔滨主持后方工作。他说：我是炮兵司令员，理应在前方指挥作战，前一个时期，由于后勤供应困难，我不得不到后方操持，现在情况已经好转。他表示要在东北的最后决定性战役中，到前方总结炮兵在大规模运动战和攻坚战中的作战经验。他的要求得到了批准。8月，他到炮兵当时的集训地点烟筒山主持召开党委扩大会，对炮兵两年来的作战训练工作进行了初步小结；向到会同志传达了毛泽东关于辽沈战役先从锦州下手的重大战略部署；并就打下锦州、沈阳后，部队的发展趋势以及如何做好进关准备等问题，向到会的同志交了底。

9月10日，他离开哈尔滨率领部队经过长途跋涉，于9月12日进至锦州北面屏障义县城下。义县位于辽宁省西部，隶属锦州市，位于辽宁省锦州市北部。南依渤海，东倚医巫闾山与北镇市接壤，北邻阜新市，西界北票市，南与锦州市区毗连，大凌河横贯境内。

它既是锦州的门户，敌人的重要外围，也是我军攻打锦州的要道。只有先打下义县，我主要从长春方向开来的大军以及物质，才能进入锦州；同时也掐住了锦州之敌的咽喉。这时义县四周早已被我军解放，但该县城墙高大。敌人以城垣为依托，沿城墙四周构筑碉堡，地面上遍布地雷，外围还设了许多障碍，城内驻有装备最新式武器的国民党一个整编师。

我炮兵总部队首先来到义县城北四方台、孙佰屯、边门子一带。因义县城北是大凌河，所以沉重的大炮和汽车想过河则成了很大的难题。经过炮总领导和工兵们的努力，终于把大炮按时运到了南岸，并按计划进入了各自的阵地。为了打好这一仗，朱瑞亲自领着负责主攻的几个炮兵团长到前沿察看地形。由于距敌人的据点很近，他们的一切活动，敌人一目了然。所以他们走到哪里，敌人的炮弹就尾随到哪里。大家都为司令员的安全担心，而他一路谈笑风生，边察看边指点部署。直到察看完了阵地，他才回过头来对黄登保团长说："这些家伙也太猖狂了，你明天先拉两个连来，把那几门炮给我敲掉。先给他们来个下马威。"朱瑞下决心要啃下这块硬骨头。同时他将这次炮火攻击义县作为攻锦作战的一次预演。"轰"、"轰"随着几声炮响，敌人的一些重要火力点顷刻之间被摧毁。靠近城门（南门）右侧的城墙被炸开了一个大豁口子，城墙其他各处霎时也变成颓垣断壁。我炮兵部队小试牛刀，便初有成效。

9月28日，朱瑞突然接到了总部的紧急电报：敌军正从沈阳空运四十九军至锦州增援，目前已运至两个团，命炮纵迅速封锁锦州机场。此时，炮兵纵队已作好了进攻义县的准备。危机时刻朱瑞从容应对，命令炮一团派出一个营，秘密开进至锦州机场附近，并事先作好攻击准备。此时，敌人的飞机并不知有埋伏，五架飞机正在降落之中。营长瞅准时机一声令下："开火!"全营十多门火炮同时发威。不一会儿，这五架飞机就被打得千疮百孔。当时正在开会的锦州城防司令范汉杰得到我军炸毁了机场、四十九军已停止了空运的报告后，不由得"啊"了一声，随即他在会上不自觉地谈起了我军炮兵的厉害。

9月30日总攻的前一天，朱瑞又到各团前沿阵地视察。他冒着生命危险，涉着深秋的河水往返。9月底，被我军长时间围困的敌军龟缩在义县的城内，企图凭借大佛寺负隅顽抗。

10月1日，天还没亮，朱瑞匆匆赶到前线指挥部，检查炮兵火力的部署。这时炮纵副参谋长张志毅向他报告："3时炮兵全部进入阵地完成射击准备，9时30分完成以打开突破口为主的炮火准备。"朱瑞点了点头。9时30分,朱瑞下达了开炮的命令。担任正面射击任务的两百多门大炮同时开火。强大的炮火将大佛寺屋顶的一个角儿轰掉。经过一个半小时的炮火攻击，朱瑞从望远镜里看到义县的城头已经倒塌下来，正面的城墙也被炮火打开了三十多米宽的口子。朱瑞对此满意地点了点头，对炮纵副参谋长张志毅说："如果是打锦州，突破口还应该再大一点，也可以考虑多打开几处。"在炮火的掩护下，步兵发起了冲击。只一个冲锋突击队就冲上了城头。守城的敌人如潮水般退了下去。至 15 点 20 分，敌人经营多时的各种工事随着炮弹爆炸的硝烟被摧毁了。勇敢的步兵们犹如猛虎一般，在冲锋号角声中争先恐后冲进炮兵开拓的突破口，同敌人展开巷战。不到六小时，就将守敌一万多人全部歼灭，活捉了敌师长王世高，胜利拉开了辽沈战役的序幕。

朱瑞亲眼看到了自己亲手创建的炮兵，在这次义县攻坚战中打得这样好，心情非常兴奋。为了及时了解、总结炮兵打开突破口的经验，他对韩先楚司令员和罗舜初政委说："我到前面看看去！""不行！"韩司令员和罗政委看着面前的战火异口同声地说。朱瑞又恳切地说："我去看看这种城墙到底怎样打法更好，看看刚才我们的弹着点还有些什么问题。"经他再三要求，两位首长只好默许。炮兵司令部其他首长也都跟朱瑞司令员去第一线。他们从指挥所出来，走下土丘沿着一条沟两边行进。正在这时南关村有部分残敌向他们打枪，为防止意外，他们就都到沟底沿马车路两边往前走。朱瑞走在马车路的东边，不幸踏响地雷把他崩起很高。大家都忙围起来一齐呼唤："朱司令员！朱司令员！"但是朱瑞再也没有应声，万恶的地雷夺去了他宝贵的生命！时年43岁。

韩司令员和罗政委听到这个噩耗大为震惊，悲痛万分，他们立即从司令部派出了担架，把朱瑞抬回指挥所，放在自己身旁，一边流着眼泪一边指挥战斗！

朱瑞牺牲的消息公布后，全军指战员无不义愤填膺，都以连、排为单位开小型追悼会，一致表示："打倒蒋介石，解放全中国！为朱司令员报仇！"

10月3日，中共中央获悉朱瑞牺牲的消息后，立刻给东北军区发了唁电，电文指出："朱瑞同志在中国人民解放军的炮兵建设中功勋卓著，今日牺牲，实为中国人民解放事业之巨大损失。中央特致

△ 锦州市义县朱瑞纪念碑

深切悼念，望转告全军，继续为革命战争的彻底胜利而奋斗，以纪念朱瑞同志永垂不朽。"10月6日，朱瑞的遗体运到哈尔滨，举行了隆重的追悼大会。

朱瑞将军是解放战争中我军牺牲的最高将领。虽然他英年早逝，未受勋衔，但是人民永远不会忘记，祖国人民永远不会忘记！

解放后，义县人民为了纪念朱瑞，在烈士牺牲地竖立一块纪念碑，上书："朱瑞将军，解放义县。不幸牺牲，人人感念。碧血丹心，昭然可见。立此碑碣，永垂风范。"几十年来，每当清明时节，义县广大人民，特别是青少年都带着朵朵白花，来到朱瑞烈士墓前，讲述朱瑞生前的事迹，用他的事迹鼓励同学们天天向上。1986年由义县团县委发出号召，捐款为朱瑞烈士修建烈士陵园和重建烈士纪念碑。原中央军委副主席杨尚昆题写了"朱瑞同志纪念碑"七个大字。碑周围栽上了松树，使这座碑庄严肃穆。1993年经省政府批准，烈士陵园被列为辽宁省重点革命历史文物保护单位。1997年县政府决定将朱瑞烈士陵园与义县烈士陵园合并。1998年5月重新修建朱瑞烈士纪念碑，并在义县解放和朱瑞牺牲50周年时竣工。2006年11月29日，朱瑞将军塑像落成典礼仪式在义县火车站站前广场隆重举行；2008年10月28日，朱瑞将军青铜塑像落成仪式在义县朱瑞小学校园内隆重举行，新队员戴上鲜艳的红领巾庄严宣誓，那一刻成为孩子们一生难忘的记忆，成为孩子们在学习和生活中克服困难、战胜自我的精神动力。

2009年7月28日，朱瑞将军殉难地碑石在朱瑞小学落成。碑石长11.3米，宽1.2米，高2.2米，碑铭"朱瑞将军殉难地"由中国人民解放军原炮兵司令员宋承志将军题写。10月29日，当年参加辽沈战役将帅的子女们回到锦州"省亲"，朱瑞将军的女儿朱淮北也来到锦州。已经六十多岁的朱淮北老人告诉记者，她1991年曾经到过锦州义县，专程去为父亲朱瑞将军修建的陵园进行了祭拜，她很感谢锦州人民对父亲的缅怀。

后 记

将军的最后一封家书

现今的人们对朱瑞这个名字已是很陌生，只记得前几年上映的革命战争电影《辽沈战役》中有一个片断：在行进的四野指挥列车上，参谋长刘亚楼向四野政委罗荣桓报告，炮兵司令员朱瑞在义县阵地触雷牺牲，罗荣桓闻之，面色凝重，从不抽烟的罗荣桓点起一根香烟，并嘱刘亚楼暂不要将此消息报告四野司令员林彪。朱瑞牺牲得太早，似乎已被人们逐渐淡忘了。英雄的故事仿佛又唤起了我们的回忆，而回忆过后，留给我们的除了深深的崇敬和久久的遗憾之外，突然觉得，真的不知该再说些什么。许久的沉默过后，不妨让我们用将军的一封家书来做尾声吧。

这封信是朱瑞牺牲前写的最后一封家信。几十年来一直珍藏在朱瑞爱人潘彩琴手中。

母亲、哥哥：

我在民国三十四年十月从延安到东北来，同年十二月彩琴带淮北（大女儿）也到东北，在东拓两年多了，我们身体都好，彩琴又生一女儿名字叫"东湘"，很像淮北，快能走了，满健康，彩琴原先身体不好，生东湘后保养得好，现在很壮很胖，请勿念。

我在延安就作炮兵工作，因我在苏联学的炮兵，我很喜欢这工作。到东北后，人民炮兵大大发展，我很高兴地工作着，身体比过去更好，工作精力更大，工作也还顺利。

东北发展很快，我想不久我们就要打进关与华北会合，胜利，这次是真正的胜利了，与家乡见面，希望！

母亲、哥哥、嫂子及小侄均健康，均团圆见面才好。

苏北及山东打仗很多，听说家乡年成很坏，不知家中如何。

母亲健康否，哥嫂健康否，如有可能，请写信来，因山东、苏北、东北可以通邮，写信是可以寄到的，只是慢点，不要紧。

农民翻身，国家才能强盛，我家有土地出租，这就是地主，应能模范把土地自动献给农民，这才算名副其实的革命家庭。我想，母亲及哥哥必定早都做到。我记得在山东时，母亲和哥哥都说过，我都参加革命了，要地是没有用处的。这是对的。

苏北及山东跑反（四六年至四七年国民党进攻苏北和山东，老百姓叫"跑反"）士杰及坤一、小玲（大哥的女儿、女婿和小孩）都跑到东北了，后来找到我们，现分配在哈尔滨工作（哈尔滨市南岗区公安分局），他们都好，在东祀坤一又生了儿子，名叫七七（因7月7日生），一切都很好，还有朱家姐妹跑到东湘，我均未找到他们，后来又都回山东及苏北了，我只接到朱爱华一封信，她写信告诉我她回山东去了。我同她也未见面。

听坤一说，大卓（大哥的长子）在跑反中失掉，现在找到没有？

母亲是否仍在二姐家住？二姐家情况如何？各戚友情况如何？均请畅知。

因为记挂母亲及哥嫂，去年六月曾派人到山东送信与照片给家里，因山东打仗，都没有送到，至今家中情况不了解，常觉不安，以期胜利后还能团圆，至盼。

至于各侄子辈，仍希统统推动他们出来参加革命工作或学习，才不致落到时代后边，甚至作对人民不利的事情，此事请哥哥负责领导他们。

祝

阖家君安各戚亲友问好。

敦仲敬上

一九四八年九月八日

另送上照片拾三张，请为保存以凭系念。

今年是中华人民共和国成立62周年，想起在新中国成立前一年的1948年10月1日牺牲于辽沈战役前线的朱瑞，我们依然感到十分悲痛和惋惜。朱瑞是解放战争时期我军在战场上牺牲的最高级别的将领。他是我党我军的一位杰出的高级领导干部，是我军炮兵的主要创始人之一，一生为革命事业立下了不朽的功绩，为中国人民的解放事业、为新中国的建立作出了不可磨灭的贡献。朱瑞在这封信中倾注了他对母亲和亲人的思念之情，同时表达了对全国解放、革命胜利的坚定信念以及对炮兵事业的无限深情。该信为我们展示了一个优秀共产主义战士的高尚情怀。

面对这样一封弥足珍贵的家书，我们似乎走进了朱瑞将军的内心世界，那是一个广阔的、高尚的，却又是真实的、质朴的有血有肉的世界。在这个世界里，国家与个人、革命与家庭、理想与现实、信念与行动是有机结合的，是完美统一的! 我们仿佛读懂了英雄的心声，那是一个先公后私、舍生忘我的高贵灵魂的心声，那也是与千千万万抛头颅，洒热血的革命先烈相近的心声，虽然他们没有看到新中国的成立和五星红旗的升起，但他们那高尚的情操和神圣的灵魂永远活在我们后人的心中，激励我们为了祖国的明天更加美好而不断前行、不断奋进!

朱瑞同志永垂不朽!